BERGE DES HIMMELS

DAVID PATERSON

BERGE DES HIMMELS

Eine fotografische Reise durch Nepal

Mit einer Einführung von Sir Edmund Hillary

RV VERLAG

6 Vorwort von Sir Edmund Hillary

8 Einführung

10 Die Region um den Mount Everest: Das Dach der Welt

38 Im Herzen des Annapurna-Naturparks: The Sanctuary

54 Rolwaling: Reise in ein verborgenes Tal

78 Annapurna: Die Große Barriere

104 Ganesh Himal: Auf unbekannten Pfaden

128 Kasthamandap: Tempel aus Holz

152 Makalu: Mondlicht über dem Makalu

176 Schlußwort und Danksagung

Bearbeitung der deutschen Ausgabe: Prisma Verlag GmbH, München
Übersetzung aus dem Englischen: GAIA Text/Dr. Peter Knecht, München
Produktion: Hubert K. Hepfinger, Freising
Satz: Filmsatz Schröter GmbH, München
Druck und Verarbeitung: Cayfosa Industria Grafica, Barcelona/Spanien
Printed in Spain

ISBN: 3-575-11026-3

VORWORT

Der Außenwelt erschien Nepal einst als ein »Shangri-la«, jenes geheimnisvolle Königreich überwältigender Schönheit, in dem ein hartes Bergvolk unberührt die Zeiten überdauerte. An den Flanken der mächtigen Berge klammerten sich atemberaubende Klöster, wo Mönche in völliger Abgeschiedenheit ihr Leben der Meditation und dem Gebet widmeten.

Als ich 1951 zum erstenmal nach Nepal kam, schien das Land in der Tat diesem Traumbild zu entsprechen: Dichte Wälder in den tieferen Tälern, ein Fleckenteppich dunkelgrüner Wacholderbüsche auf den alpinen Weiden, Sadhus (heilige Einsiedler) sah man allenthalben in Höhlen oder unter Felsenvorsprüngen leben, und die Menschen waren warmherzig und gastfreundlich.

Bald stellte ich jedoch fest, daß das Leben in Nepal nicht so einfach war. Die Säuglingssterblichkeit war erschreckend hoch, und nicht wenige Mütter starben im Kindbett. Die Lebenserwartung war sehr niedrig. In den abgelegenen Gegenden gab es weder Schulen noch medizinische Versorgung, war das Leben ein nie endender Kampf gegen eine rauhe, unfruchtbare Umwelt.

Mit den Jahren änderte sich vieles. Bergsteiger und Touristen erkoren sich zunehmend Nepal als Ziel, und die Bevölkerung nahm rasch zu. Bäume wurden gefällt, um Bau- oder Brennholz zu gewinnen; oftmals zerstörten fahrlässig ausgelöste Brände Quadratkilometer des Bergwaldes. Die höhergelegenen Täler wurden unfruchtbar, und eine dramatische Bodenerosion machte sich an den Abhängen bemerkbar. Während der schweren Monsunregenfälle färbten sich die Flüsse rot mit wertvollem Mutterboden, der schließlich über den Ganges im Golf von Bengalen verlorenging.

Auch wenn sich dem fachkundigen Auge eine aussichtslose Situation bietet, so ist Nepal doch für den Neuankömmling weiterhin ein bemerkenswertes Land. Gewaltige Berge, die sich dem Himmel entgegentürmen – das hat sich nicht geändert. Unmöglich, die außergewöhnlich entgegenkommenden und liebenswürdigen, unbeugsamen und genügsamen Menschen, ihre Kraft und ihren Sinn für Humor nicht zu bewundern. Zudem durchdringen verschiedene Religionen und Kulturmuster einander in erstaunenswerter Harmonie.

Selbst ein Spaziergang durch die Basare von Katmandu ist ein nicht alltägliches Erlebnis. Man wird sofort als Teil der Gemeinschaft angenommen und mit fröhlicher Warmherzigkeit behandelt – so als ob man zu Hause wäre. Nach einer Weile sieht man über den Abfall und die verseuchten Abwässerkanäle hinweg, das Auge nimmt nur noch bunte Stoffe und Teppiche, aufgetürmtes Gemüse und Früchte und die vielen verschiedenen Gesichtszüge in der Menge wahr.

Kathmandu ist ein Kaleidoskop: Wunderschöne Tempel, bemerkenswerte Holzschnitzereien, fruchtbare Terrassen, auf denen alles mögliche angebaut wird, Hunderte von Lastenträgern, Männer wie Frauen, die schwere Brennholzbündel schleppen. Und heutzutage fehlen auch die Errungenschaften der Moderne nicht: Umgehungsstraßen, Luxushotels und ein internationaler Flughafen. Wenn ich an 1951 zurückdenke – damals führte eine einzige, von Menschenhand geschaffene Straße durch die Stadt, und die Unterkünfte waren kaum komfortabel zu nennen. Selbst eine Straßenverbindung hinunter zu den Ebenen Indiens fehlte; ein paar Stunden zu Fuß oder zu Pferd waren notwendig, um das Tal zu verlassen. Doch bis zum heutigen Tage ist das Kathmandu-Hochtal, ein riesiges Becken, umgeben von Bergketten, ein wunderschöner Ort geblieben.

Die meiste Zeit meiner Nepalbesuche habe ich im Osten, in der Khumbu-Region, verbracht. Die Flußtäler des Dudh Khosi führen hier zur Südseite des Mount Everest, und trotz des Naturraubbaus ist eine Wanderung dort ein atemberaubendes Erlebnis geblieben. Hoch oben an den Flanken des heiligen Berges Khumbila trifft man auf die Sherpasiedlungen: Namche Bazar, Khumjung, Kunde, Thami, Pangpoche, im Schatten von weltbekannten Gipfeln. Am Ende des Tals aber ragt das mächtige schwarze Dreieck des höchsten dieser Gipfel auf: der Mount Everest.

Den Everest erkletterten wir 1953, und in den folgenden dreizehn Jahren auch die wilden Gipfel von Ama Dablam, Kangtega, Tamserku und anderen Bergen. Doch zunehmend wurde ich in den Aufbau der Dinge einbezogen, derer meine Sherpafreunde und andere Nepalesen so dringend bedurften. Fünfundzwanzig Schulen, zwei Hospitäler, zehn medizinische Versorgungsstationen, viele Brücken und Wasserleitungen, sogar ein paar kleine Flugplätze waren das Ergebnis dieser Arbeit. Wir haben versucht, die gerodeten Wälder wiederaufzuforsten, Millionen Setzlinge haben wir in den letzten zehn Jahren gepflanzt. Bäume wachsen nur sehr langsam in großen Höhen, und es bedarf ständiger Anstrengung, ihr Gedeihen zu fördern. Es war – und ist – einen Versuch wert.

Die Zukunft Nepals hängt in der Schwebe. Es könnte sein, daß die mächtigen Gipfel des Himalaja bald von Wüsten umgeben sein werden – wenn nicht große Anstrengungen in Richtung Bevölkerungskontrolle und zum Schutz der Bergwelt unternommen werden. Einige Fortschritte sind erzielt worden, doch das reicht nicht aus. Nur wenn die Regierung, die Hilfsprojekte, die Menschen selbst – vor allem aber auch die ausländischen Besucher – die Verantwortung für die Bewahrung dieses wunderschönen Landes übernehmen, gibt es Hoffnung, daß es in all seiner großartigen Herrlichkeit überleben kann.

SIR EDMUND HILLARY

ZU DIESEM BUCH

Im Sommer 1979 besuchte uns in Schottland ein japanischer Freund, der Bergsteiger und Ethnologe Kiyotomo Mikame. Er lebte zu dieser Zeit in Nepal und arbeitete an einem wissenschaftlichen Projekt über den Stamm der Tharu, ein Volk in der südlich gelegenen Region Terai. Wir unternahmen gemeinsam eine Wanderung durch das schottische Hochland und führten lange Gespräche am nächtlichen Lagerfeuer. In dieser Atmosphäre entstand der Plan, ihn im Herbst zu besuchen. Die Regierung von Nepal hatte kurz zuvor ihre rigorosen Beschränkungen bezüglich des Bergsteigens gelockert – eine Reihe von Gipfeln bis siebentausend Meter Höhe war nun für kleinere Expeditionen freigegeben. Wir wollten diese neue Freizügigkeit nutzen und versuchen, einen Berg südlich des Everest, in der Region Khumbu, zu besteigen.

In Nepal ergab es sich dann leider, daß ich die Tour allein durchführen mußte. Mikame konnte mich nicht begleiten, leistete mir jedoch jede erdenkliche Hilfe bei der Vorbereitung des Unternehmens in Kathmandu; ich konnte bei ihm wohnen und von seinen zahlreichen Verbindungen und Erfahrungen profitieren.

Nach meiner Rückkehr vom Khumbu-Tal beschloß ich, meinen Aufenthalt zu verlängern und im Annapurna-Massiv zu wandern – ich hatte einfach noch keine Lust, heimzureisen. Das war das erste Anzeichen einer Krankheit, die viele Nepaltouristen befällt: Dieses Land macht süchtig. Ich habe es seitdem immer wieder besucht: 1981 reiste ich ins Rolwaling-Tal, 1984 nach Manang, 1987 zum Ganesh, 1988 zum Makalu. Und noch immer übt Nepal eine gewaltige Anziehungskraft auf mich aus.

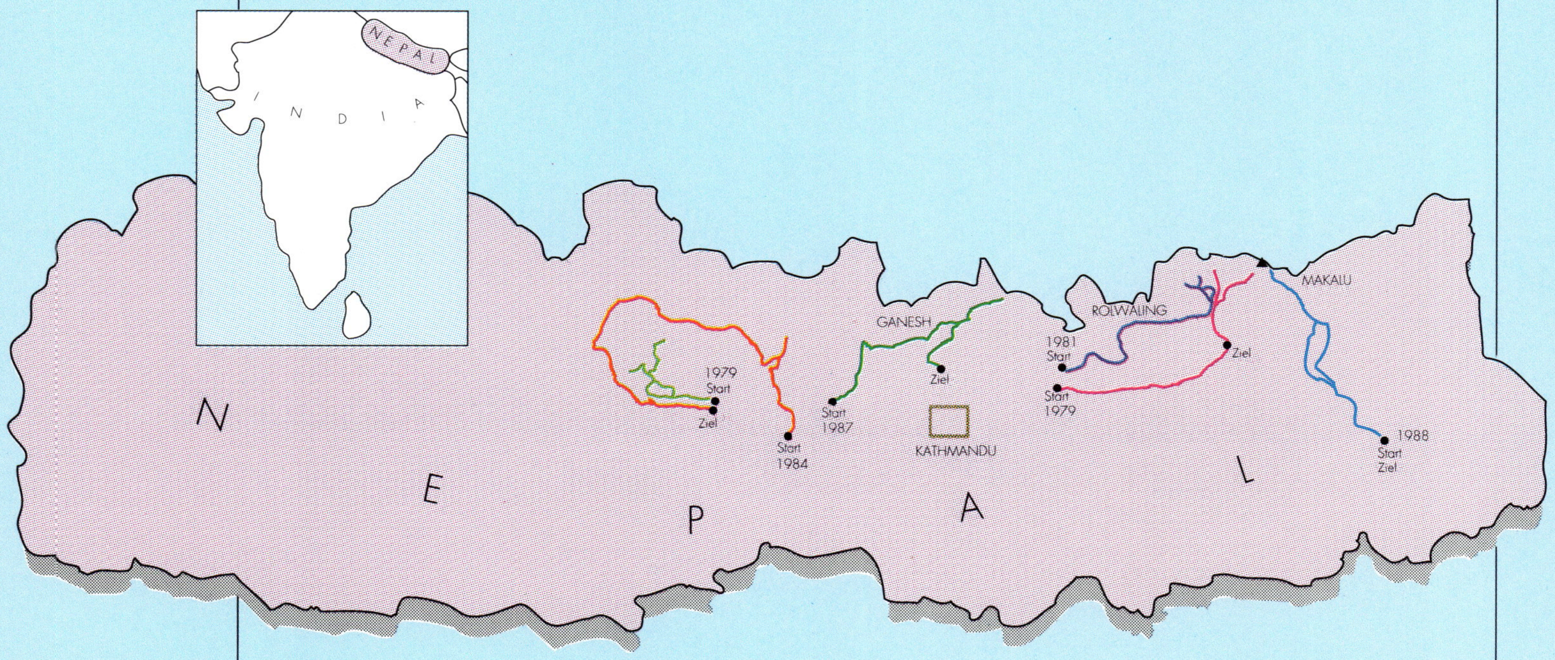

DAS DACH DER WELT

Blick vom Lobuche auf die Everest-Gruppe.

Chomolungma – »Göttliche Mutter Erde« – nennen die Nepalesen und Tibeter den Mount Everest, den höchsten Gipfel der Welt. Immer wieder haben Bergsteiger versucht, den Giganten zu bezwingen, seit Tibet 1921 einer britischen Expedition die Möglichkeit zu ersten Erkundungen gab. Nepal erlaubte erstmals 1950 einer Bergsteigergruppe, den Südaufstieg zum Gipfel zu versuchen.

Im Jahr 1953 gelang einem britisch-neuseeländischen Team mit Edmund Hillary und Sherpa Tensing die Erstbesteigung, und seitdem haben sich Bergsteiger aus aller Welt, viele mit Erfolg, am Everest versucht. Im Gefolge der frühen Expeditionen kamen bald Touristen und Trekker nach Nepal – das Land veränderte sich: Straßen schnitten sich von Kathmandu aus ins Gebirge, Staudämme wurden gebaut und Landepisten für Flugzeuge selbst in den entlegensten Gegenden des Königreichs angelegt.

Ich wanderte die Trekking-Route am Everest zum erstenmal im Herbst 1979, als ich einen Gipfel namens Lobuche bestieg. Mein Begleiter und Führer war der Sherpa Nima Wangchu. Eine kleine Kolonne von Trägern schleppte Kletter- und Fotoausrüstung, Zelte, Kochgerätschaft und Proviant für mehrere Wochen. In den späten siebziger Jahren war Trekking in der Gegend um den Everest schon in Mode gekommen, allerdings ließen sich die meisten Leute mit dem Flugzeug bis nach Lukla bringen, zwei Tagesmärsche von Namche Bazar, der »Hauptstadt« der Sherpas, entfernt. Heutzutage reisen nahezu alle Touristen mit dem Flugzeug an, fast niemand geht mehr zu Fuß.

Diese Leute ahnen nicht, was ihnen entgeht. Die Strecke, die zum Dudh Khosi, dem »Milch-Fluß«, führt und dann nach Norden abknickt – insgesamt neun Tagesmärsche lang –, ist eine der schönsten, aber auch härtesten, die Nepal zu bieten hat, eine Landschaft, in der die Zeit stillzustehen scheint. Der Pfad führte endlos dahin, hinauf und hinab, immer steiler und höher wurden die Kämme. In den Tälern herrschte subtropische Hitze, grün schimmerten in diesen Oktobertagen die Reisfelder.

Ich hatte nicht viel Glück mit dem Wetter; verspätete Monsunwolken hingen schwer über den Hügeln, eine Woche lang brachen wir am Morgen in feuchtem Nebel oder Regen auf, nur selten klarte der Himmel am späten Nachmittag auf. Und doch drang immer die großartige Schönheit dieser Landschaft durch, und schließlich dämmerte ein schöner Morgen herauf, an dem wir fern im Norden die schneebedeckten, majestätischen Gipfel vor uns erblickten.

Brücke über den Dudh Khosi.

Das Wetter hatte sich zusehends gebessert, als wir am Dudh Khosi, der vom Everest-Massiv herabfließt, nach Norden abbogen. Die Landschaft um uns war imposant, und in allen Dörfern auf dem Weg begegneten wir freundlichen Gesichtern. Die Leute auf den Feldern sangen bei der Arbeit; sie sahen arm, aber zufrieden aus, und ich konnte nirgends Zeichen von Hunger entdecken. Ich erlag immer mehr dem Zauber Nepals, der so viele Besucher in seinen Bann schlägt: Mir war, als hätte ich hier das irdische Paradies entdeckt.

Die Luft am Morgen war klar wie Kristall. Gegen Mittag erschienen erste Wolkenschleier am Himmel, die sich im Lauf des Nach-

Dachdeckerarbeit in Nepal – die Häuser werden mit Flechtwerk aus Bambus gedeckt.

mittags verdichteten und in der Dämmerung wieder auflösten. Als wir das Flußtal hinaufwanderten und in das eigentliche Kernland der Sherpas, die Gegend um Namche Bazar kamen, hingen diese Wolken noch über uns. Später dann, in größeren Höhen, waren wir mittendrin und gingen nachmittags die ganze Zeit im Nebel. Als wir in über 5000 Meter Höhe unter dem Gipfel des Lobuche unser Lager aufschlugen, sahen wir von oben die Wolkendecke über dem Tal liegen.

Trotz aller Plackerei war mir wohl zumute, ich war wie berauscht von der Schönheit dieser Landschaft. Es gab allerdings auch Begegnungen, die mich jäh auf den harten Boden der Wirklichkeit zurückholten: Da stand ein krankes Kind vor uns, ein Junge mit einer offenen Wunde, und bat um Hilfe, oder ein Mann mit einem schwärzlich verfärbten Bein. Manchmal konnten wir selbst Erste Hilfe leisten. Nach solchen Erlebnissen dauerte es einige Stunden, ehe ich mich wieder ganz auf die Naturschönheiten konzentrieren konnte – mir dämmerte langsam, daß die Menschen in Nepal keineswegs in einem immerwährenden Paradies vor sich hinträumen; ich sah, wie hart und gefährdet ihr Leben war, fern aller medizinischen Versorgung, ohne Kenntnis primitivster Hygienemaßnahmen den zahlreichen Krankheiten schutzlos ausgeliefert.

In Namche entließ ich die Lastenträger. Sie bekamen außer ihrem Lohn ein gutes Trinkgeld und zusätzlich genügend Proviant für den Heimweg. Von Nima wußte ich, daß diese Leute aus dem Tiefland die dünne Luft und die Kälte des Hochgebirges nicht vertragen. Für den Rest des Weges heuerten wir Sherpaträger an. Von Namche aus stiegen wir in gemächlichem Tempo zum oberen Khumbu-Tal auf und gelangten nach einigen Tagen zum Fuß des Lobuche Peak.

In Khumjung, etwas oberhalb von Namche gelegen, traf ich einen belgischen Bergsteiger, Christian Golaire. Er war allein unterwegs, und so lag es nahe, daß wir beide uns zusammentaten und beschlossen, die Tour auf den Lobuche gemeinsam zu unternehmen. Wir richteten unser Basislager, zwischen Findlingen versteckt, 600 Meter über dem Talgrund ein, auf der einen Seite ein leuchtendgrüner Gletschersee, auf der anderen riesige schwarze Felsklippen.

Bei meinen Kletterversuchen merkte ich bald, daß mir zum perfekten Bergsteiger doch noch einiges fehlte, aber es war mir gar nicht mehr so wichtig, auf den Gipfel zu gelangen – der bloße Aufenthalt hier war Erlebnis genug. Von unserem Lager auf 6000 Meter Höhe blickten wir direkt auf den Ama Dablam jenseits des Tals – einen Gipfel, schön wie aus einem Traum. Ganz nah im Süden glänzte das Eis blau an den steilen Nordflanken von Taweche und Cholatse, und im Nordwesten erhob sich der Everest über den Kämmen von Nuptse und Lhotse.

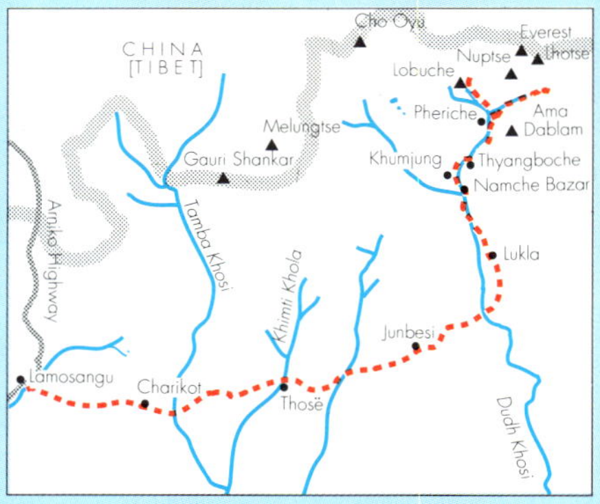

Der Mount Everest, rechts daneben die Gipfel von Nuptse und Lhotse, von einem kleineren Gipfel über dem Gokyo-Tal aus fotografiert – der Everest ist etwa fünfundzwanzig Kilometer entfernt. Unser Blick schweifte im Norden und Westen über die Berge von Tibet, im Osten sah man bis zum Makalu, dessen südliche Vorberge sich im fernen Dunst verloren.

Eisvögel tauchten in den Wassern des Khimti Khola nach Beute. Die Lastenträger waren früh auf den Beinen, um die morgendliche Kühle im Talschatten auszunutzen. Denn später staute sich hier zwischen den Bergen die Hitze, das drückend feuchtwarme Klima hatte fast tropischen Charakter.

Am fünften Tag unserer Wanderung auf dem Everest-Trek gelangten wir zu dem Dorf Thosë, das an einer Brücke über den Khimti Khola liegt. Wir schlugen unsere Zelte beim Schulgebäude auf, das seine Existenz einer Spendenaktion Edmund Hillarys verdankt. Bei unserer Ankunft liefen die Kinder zusammen und bestaunten uns, als käme ein Zirkus ins Dorf.

Namche Bazar liegt wie in einem natürlichen Amphitheater auf 3300 Meter Höhe vor der imposanten Kulisse hoher Berggipfel. Es ist das kulturelle Zentrum der Sherpas, die in den Hochtälern nördlich des Orts wohnen. Hier nehmen üblicherweise die großen und kleinen Expeditionen in die Everest-Region ihren Anfang.

Als dieses Bild 1979 entstand, waren viele Kinder der Sherpas Fremden gegenüber noch sehr schüchtern. Heutzutage verhalten sie sich wesentlich weniger scheu – sie haben sich den Veränderungen, die in den vergangenen Jahren auch ihre Dörfer und Region nicht verschonten, angepaßt. Man hat Straßen und Staudämme gebaut, die Landwirtschaft ist modernisiert worden, und auch mit dem Aufbau eines Gesundheitssystems wurde begonnen.

Buddhistische Gebetsfahnen flattern im Wind, der vom Tal des Dudh-Khosi-Flusses heraufkommt. Nach dem Glauben der Lamaisten werden die Gebete auf den Fahnen vom Wind durch den Kosmos getragen.

Auf der Südseite des Chukung-Tals zieht sich kilometerlang bis zu den Gipfeln südlich des Makalu eine Eiswand hin. Sechs große Gletscher treffen hier aufeinander. Die Gegend ist von Moränengeröll bedeckt; nur gelegentlich erinnert herabstürzendes Gestein den Wanderer daran, daß sich unter dem Schutt riesige Eismassen bewegen.

Sonnenuntergang über dem Grat zwischen Nuptse und Lhotse – vom Chukung-Tal aus fotografiert, das unter den Südflanken dieser Berge auf 4500 Meter Höhe liegt. Es ist unbewohnt, eine Landschaft aus Felsen, nackter Erde und glitzerndem Eis. Als die Sonne hinter den Gipfeln verschwand, war es im Tal längst Nacht und bitter kalt.

Über unserem Lagerplatz in 5800 Meter Höhe führte steil, aber relativ leicht zu begehen, der Südostgrat hinauf. Hinter den Bergsteigern sieht man die abweisenden Nordwände von Taweche und Cholatse im Morgenschatten aufragen, an den Rändern blaues Eis. Die beiden Gipfel, etwa 6400 Meter hoch, waren 1979 noch unbestiegen.

Ein feierlicher Trommeltanz unterbrach am Nachmittag die Tänze der Dämonenmasken. Die Becken und Hörner des Orchesters verstummten. Nur die Trommeln setzten ihren ruhigen, aber eindringlichen Rhythmus für die Tänzer fort, die in farbenprächtigen Gewändern ihre Figuren wie in Trance vollführten.

Früh am Morgen inspiziert ein Mönch den Innenhof, in dem die Tanzvorführungen stattfinden sollen. Später werden hier die fast drei Meter langen Hörner mit ihren unwirklichen Klängen Mauern und Menschen ehrfürchtig erzittern lassen.

Frauen und Mädchen aus einem nahegelegenen Sherpadorf sehen fasziniert einem kostümierten Tänzer zu, der beim Mane-Rimdu-Fest im Kloster Thyangboche auftritt. Das ekstatische Tanzschauspiel, das hier aufgeführt wird, ist das Hauptereignis bei diesem enorm wichtigen Fest des buddhistischen Kalenders, zu dem der Abt Lama alljährlich die Gäste willkommen heißt.

Ein Mönch im Tanzkostüm wartet auf seinen Auftritt beim Mane-Rimdu-Fest. Das bizarre Schauspiel der rituellen Tänze dauert einen ganzen Tag lang. Es soll böse Geister besänftigen oder vertreiben, die das Kloster und die Gegend mit Unwetter, Seuchen, Mißwuchs und Erdbeben bedrohen.

Der Gipfel des Tawe-
che ragt majestätisch über den Viehweiden von Pheriche auf – man ahnt förmlich die schreckliche Gewalt der Lawinen, die das Dorf ständig bedrohen. Früh am Morgen, wenn die ersten Sonnenstrahlen die Gipfel erleuchten – das Tal ist noch in Dunkelheit getaucht –, herrscht hier vollkommene Stille: Der harte Frost der Nacht läßt selbst das leise Rauschen der Wasser verstummen.

Hoch oben vom Südostgrat des Lobuche blickten wir über die tief durchfurchte Südflanke zu den wunderschönen Gipfeln des Gokyo, die fünfzehn Kilometer weiter westlich liegen. Die dünne Schicht Pulverschnee, die in der Nacht gefallen war, schmolz schnell in der heißen Sonne; darunter kam wieder der Firnschnee hervor, der diesen Berg ganzjährig bedeckt.

In einer Mulde unterhalb des Lobuche-Gipfels lag unser Basislager am Ufer eines kleinen Sees, der vom reichlichen Schmelzwasser der Schneefelder gespeist wird. Ich schaute oft hinüber zum wunderschönen Gipfel des Ama Dablam, um die Mitglieder einer Bergsteigergruppe, die dort unterwegs war, beim Klettern zu beobachten.

Für unser Höhenlager auf dem Grat wählten wir ein ebenes Plätzchen vor einem Felssporn, nicht größer als ein halbes Tennisfeld. Unsere Fußspuren im jungfräulichen Schnee zeigten den Weg, den wir am Vortag gegangen waren; sie führten bis zu der Stelle, wo der Grat abrupt anstieg. Hinter dem eisigen Kamm rechts ragen die Gipfel des Everest-Massivs empor.

Nima und Christian bei der Rast auf 5900 Meter Höhe am Südostgrat des Lobuche. Die Sherpas vertragen große Höhen erstaunlich gut, aber selbst Nima hatte hier zu kämpfen. Am folgenden Tag bekam ich einen Anfall der höchst gefährlichen Höhenkrankheit. Wir mußten umkehren und bis zu einem Platz etwa 100 Meter unterhalb dieser Stelle absteigen.

In der Abenddämmerung zog ein großer Schwarm Vögel von Westen her über den Kongde Ri, ihr rauhes Krächzen hallte von den Felswänden wider. Am folgenden Morgen brachte uns ein Flugzeug von der winzigen Piste in Lukla fort – unsere Reise ins Khumbhu-Tal war zu Ende.

IM HERZEN DES ANNAPURNA-NATURPARKS

THE SANCTUARY

Annapurna-Südgipfel und Hiunchuli.

Reisende, die zum erstenmal den Himalaja sehen, sind fast immer tief beeindruckt – es ist ein Erlebnis, das den Menschen verändert: Als ich aus dem Khumbu-Tal nach Kathmandu zurückgekehrt war, brachte ich es nicht über mich, nun einfach wieder nach Hause zu fahren. Ich beschloß also, noch eine Weile hierzubleiben und mit Nima eine zweite Tour zu unternehmen, diesmal in das von etlichen Siebentausendern umringte Annapurna-Hochtal, meist nur ehrfürchtig »The Sanctuary« genannt.

Die befahrbare Straße endet in Pokhara, einer heißen, staubigen Stadt im Westen Nepals – wir waren froh, als wir sie hinter uns lassen konnten und in nordwestlicher Richtung, an den tibetischen Flüchtlingslagern vorbei, freies Land erreichten. Auf den Reisfeldern wurde gerade die Herbsternte eingebracht, Kolonnen von schwerbeladenen Maultieren, alle mit Glöckchen am leuchtendroten Zaumzeug, waren auf den Pfaden unterwegs. Am Nachmittag stiegen wir vom Pokhara-Tal auf zu einem Lagerplatz inmitten einer grünen Wiese, hoch über dem Talgrund – ein kühler, frischer Wind strich um unsere Zelte. Vom ersten Felskamm, den wir am nächsten Tag überquerten, sah man in der Ferne die Gipfel der Annapurna-Gruppe. Es ging jetzt hinab in den Wald; Schwärme von grünen Sittichen huschten zwischen den Wipfeln, die Affen kreischten beim Anblick von uns Menschen. Nach zwei Tagesmärschen gelangten wir nach Landrung, einem hübschen Dorf, das über die tiefe Schlucht des Modi Khola hinweg zu seinem Schwesterdorf Ghandrung hinüberschaute.

Von dort, jenseits des Flusses, hatten wir einen wunderbaren Blick nach Norden auf den Annapurna-Südgipfel, auf Hiunchuli und

Machapuchare. Das nächste Stück unseres Wegs führte uns einige Tage lang durch Bambusdickicht. Wir mußten uns durch das dicht wachsende Gewirr von Gräsern förmlich hindurchkämpfen, man konnte den Pfad kaum einige Meter weit sehen.

Als wir uns endlich unterhalb der Hinko-Höhle aus der Wildnis befreit hatten, umfing uns eine völlig andere Welt: Über mehrere hundert Meter hinweg war der Weg wie ausradiert. Eine gewaltige Lawine war vom Hiunchuli, der westlich hinter hohen Klippen versteckt lag, niedergegangen, hatte zwei Japanerinnen getötet und alles mit sich in den Modi Khola gerissen. Noch jetzt, nach sechs Monaten, hatten die kalten Wasser des Flusses noch nicht all den Schnee schmelzen können. Sie hatten sich ein Bett durch die steinharte Schneemasse gegraben. Am jenseitigen Ufer stieg jäh die steile Gipfelwand des Machapuchare empor – etwa 3500 Meter über uns –, vor uns blinkten zwischen den letzten paar Bäumen die Schneefelder. Oberhalb der Hinko-Höhle hörte der Pfad abrupt auf, er traf dort auf den Gletscher des Annapurna-Südgipfels. Wir bogen nach Westen ab und schlugen unsere Zelte in der Nähe des Platzes auf, an dem 1957 das Basislager der Machapuchare-Expedition errichtet worden war.

Der Machapuchare von Landrung aus.

Obwohl von den steilen Schneegipfeln rund um das Hochtal immer wieder Lawinen hinabdonnerten, bestand wenig Gefahr, da es von querlaufenden Felskämmen unterhalb des Hiunchuli und durch den tiefen Graben des Südgletschers gut geschützt war. In der Nacht war Schnee gefallen. Die Strahlen der Sonne erreichten

Schmetterling im Tal des Modi Khola.

erst spät den Talgrund, doch waren sie stark genug, die Morgennebel zu zerstreuen und rings um uns das imposante Bild glühender Bergspitzen zu enthüllen, überragt von der ehrfurchtgebietenden Steilwand der Annapurna I. Nur wenige Trekker kamen während der kurzen Zeit unseres Aufenthalts hierher – die ganze Schönheit gehörte uns allein.

Leider kann von solcher Weltabgeschiedenheit heute keine Rede mehr sein. Da der Ort relativ leicht zugänglich ist (nur sieben Tagesmärsche von Pokhara entfernt), hat sich im Lauf der achtziger Jahre ein reger Tourismus entwickelt. Es haben sich etliche schmuddlige Logierhäuser für Trekking-Touristen auf dem Gelände des alten Basislagers angesiedelt, Abfälle säumen den Pfad. Die Entwaldung der Gegend, verursacht durch den Brennholzbedarf, ist zum ernsten Problem geworden. 1986 hat die Regierung von Nepal mit internationaler Hilfe ein Umweltschutzprogramm, das »Annapurna Conservation Area Project« (ACAP) erstellt, das die Schäden beheben und den Annapurna-Naturpark vor der Vernichtung bewahren soll.

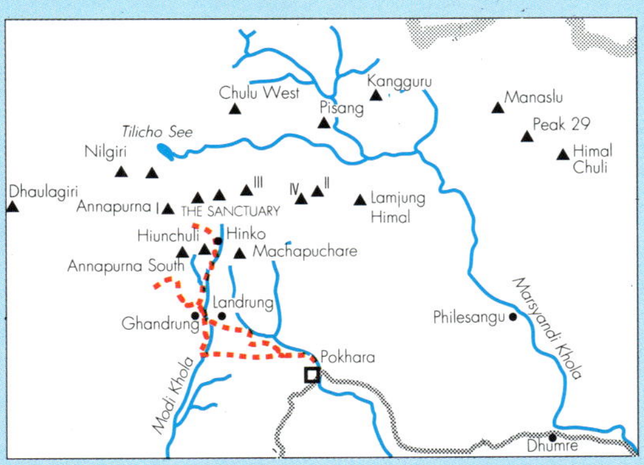

Hier, im heißen Tiefland westlich von Pokhara, ist die Herbsternte eingebracht, die Reisfelder sind wieder überflutet und bereit für die Winteraussaat. Zwischen den Feldern grasen Wasserbüffel, deren Milch sehr geschätzt wird.

Ghandrung ist eine der vielen hübschen, sauberen Ortschaften dieser Region. Die Dörfer der Gurung sind eng zusammengebaut, die strohgedeckten Häuser rund oder oval. Erst in jüngster Zeit ist man vom traditionellen Stil abgekommen; man sieht jetzt oft gepflasterte Höfe. Für die Hausdächer verwendet man den Schiefer der Gegend.

Im Pokhara-Tal: Eine Newari-Frau wiegt ihr Kind in den Schlaf. Die Newari siedeln überall in den tieferen Lagen von Zentralnepal. Sie gelten als begabte Künstler und Handwerker, geschickt vor allem beim Hausbau; dieser Volksgruppe entstammen auch viele fähige Verwaltungsfachleute.

Vom Tharpu Chuli (oder Tent Peak) und seinen Nachbargipfeln nördlich des Sanctuary fallen steile Felsgrate ab, die sich scharf gegen den frischen Neuschnee abzeichnen. Diese Berge sehen von hier recht imposant aus – steigt man aber auf 6000 Meter, wirken sie geradezu lächerlich klein vor den gigantischen Gipfeln der Umgebung.

Beim Dasaain-Fest im Oktober werden oft riesige Schaukeln aufgestellt. Sie werden sowohl von Kindern als auch Erwachsenen – jedenfalls von den männlichen – gern benutzt, die sich tollkühn und voll Übermut in große Höhen schwingen.

Die gastfreundliche Wirtin – *namu* genannt – der Teestube im Dorf Chomrong erzählte uns, einer der Einwohner habe am Vortag einen Tiger gesehen. Wir hielten das für ein ziemlich wildes Gerücht – Schneeleoparden allerdings gibt es tatsächlich noch in den entlegenen Wäldern von Nepal.

Wenn man das Hochtal des Annapurna-Sanctuary betritt, blickt man direkt auf den Annapurna-Südgipfel. Beim Aufstieg durch die Schlucht des Modi Khola bekommt man einige Tage lang die Berge fast nie zu Gesicht. Erst unterhalb des Südgletschers, kurz vor dem Taleingang, eröffnet sich der freie Blick.

Die ersten Sonnenstrahlen beleuchten die feinen Kannelierungen im Schnee unter dem südlichen Sporn des Tharpu Chuli. Dieser Sporn trägt den Namen *Rocky Peak* – die Sherpaträger nennen ihn scherzhaft *Raki Peak*, *raki* heißt »Schnaps«.

Es war eine französische Expeditionsgruppe unter Leitung von Maurice Herzog, der 1953 die Erstbesteigung der Annapurna I gelang, und zwar von der Nordseite her – zum erstenmal stand ein Mensch auf dem Gipfel eines Achttausenders! Zwanzig Jahre später durchkletterte Chris Bonington mit einer Bergsteigergruppe die imposante Südwand – hier am frühen Morgen vom Hochtal aus fotografiert.

Von unseren Zelten aus sahen wir die Sonne direkt über dem Machapuchare aufgehen, sechs Kilometer östlich von uns. Um zehn Uhr vormittags stand sie dann hoch und heiß am Himmel und ließ den Neuschnee der Nacht schnell wegschmelzen.

Ein Felsgrat von zarter Schönheit verbindet hier die südlichen Bergrippen der Annapurna III, mit dem Gabelhorn – so benannt nach dem gleichnamigen Berg in Österreich – und dem Machapuchare (rechts außerhalb des Bildrands).

REISE IN EIN VERBORGENES TAL

Rast am Drolambo-Gletscher.

Sechzig Kilometer südwestlich des Mount Everest liegt in weltabgeschiedener Einsamkeit das Rolwaling-Tal. Nach Osten hin ist es durch dichten Dschungel geschützt, im Norden und Süden stehen steile Bergketten, der Zugang über einen hohen Paß im Westen ist schwierig. Es ist eines jener acht Täler im Himalaja, die in der Sprache der Sherpas *beyul* heißen: »geheim«, »verschlossen«.

Im Jahr 1981 unternahm ich meine zweite Reise nach Nepal, diesmal zusammen mit John Beattie, mit dem ich später noch Manang und die Große Barriere des Annapurna-Massivs besuchen sollte. Wir beabsichtigten, auf einer wenig bekannten Route ins Rolwaling zu wandern, von dort über den hohen Teschi-Lapcha-Paß nach Khumbu und über Namche Bazar weiter in die Hochgebirgsregion am Gokyo. Als Führer hatte ich wieder Nima engagiert. Wir hofften, auf unserem Weg – zumindest bis Namche – möglichst wenigen Touristen zu begegnen.

Die ersten Tage der Wanderung waren Routine – ein langer, steiler Aufstieg weg von der Straße Kathmandu – Lhasa und hinauf ins Hochland. Anfangs war es für die Jahreszeit – Mitte Oktober – glühend heiß, zusätzlich hatte ich noch mit einer fiebrigen Erkältung zu kämpfen. Aber die Reisfelder am Weg waren voller Blüten und von Insekten bevölkert. Am Abend tanzten Glühwürmchen in den Baumwipfeln über unserem Lagerplatz. In Dolangsa, einer hübschen, sauberen Siedlung an einem Hügel, kampierten wir neben dem Tempel des Dorfes. Nach Westen gegen Kathmandu hin erstreckten sich die Kämme der Vorgebirge. Das sanfte Rattern einer Gebetsmühle sang uns in den Schlaf. – Oberhalb von Dolangsa dann der Tinsang La: Dieser Paß liegt zwar »nur« 3300 Meter hoch, ist aber dennoch ein wahres Juwel. Auf der einen Seite bewaldete Hänge, dazwischen Bergwiesen und Seen. Das letzte Stück des Anstiegs führte steil hinauf zu einem Einschnitt im felsigen Kamm, oben auf der Paßhöhe reichte der Blick nach Tibet und Indien; nur fünfzehn Kilometer entfernt ragte die schöne Spitze des Chaduk Bhir wie der Turm einer Kathedrale in den Himmel. Wir schwatzten dort mit zwei nepalesischen Studenten, dann brachen wir auf, nach Westen hinunter zu unserem nächsten Ziel, nach Vigu.

Stampfen von Hirse für die Herstellung von *chang* (Bier).

Vigu Gompa ist ein bedeutendes regionales Zentrum des tibetischen Buddhismus und enthält viele kostbare und seltene Werke religiöser Kunst. Der Eingang zum Kloster ist mit phantastischen tibetischen Malereien verziert. Wir warteten schweigend inmitten singender Mönche, bis sie unter den Klängen von dröhnenden Becken und Hörnern ihre Andacht beendet hatten. Später besichtigten wir dann die Gebäude und ließen uns von den Nonnen zum Tee einladen.

Leider konnten wir uns hier nicht lange aufhalten. Wir wanderten weiter, an kahlen Felskämmen entlang, zum Bhote Khosi, der in Tibet entspringt, hinunter. Zweimal mußten wir auf schmalen Felsbändern steil aufragende Klippen überqueren. Wir zogen durch waldige Gegend und rasteten ab und zu, um unter eiskalten Wasserfällen zu duschen; schließlich gelangten wir in das Flußtal, von dem aus der Pfad 1000 Meter hinauf zum Eingang des Rolwaling-Tals führt. Von einem hohen Kamm aus sahen wir hinab auf das Grün eines dichten Dschungels, der sich etliche Kilometer weit zum Tal hin ausdehnt.

In dieser Nacht rauschten die Wasser des Rolwaling Chhu direkt an unseren Zelten vorbei. Jenseits des Flusses erhob sich ein schwarzer Felsen, ganz überwachsen mit Moos; Bäume und Sträucher prangten in herbstlichen Farben. Den Horizont hinter uns begrenzte der Zackenkamm niedriger Berge. Am nächsten Tag wanderten wir nach Beding hinauf, dem einzigen ganzjährig bewohnten Dorf im Rolwaling. Die Einwohner sind Sherpas – es sieht aber schon sehr tibetisch aus. Über dem Dorf ragt eine Speerspitze gegen den Himmel: der Gipfel des Gauri Shankar.

Einige Tage verbrachten wir damit, uns auf leichteren Touren zu akklimatisieren und für ein großes Unternehmen vorzubereiten: den Teschi-Lapcha-Paß. Er ist mit 5800 Metern Höhe der höchste Paß Nepals und wegen seiner Schwierigkeit berüchtigt. Von unserem letzten Lagerplatz im Tal ging es fast fünf Kilometer hinauf bis zur Grenze des Trekarding-Gletschers, wo sich hinter dem Damm der Endmoräne ein Gletschersee, der Tsho Rolpa, staut – seine grauen Wasser waren übersät mit bläulich schimmernden Eisbergen. Von hier aus stiegen wir zehn Kilometer den mit Geröll überdeckten Gletscher hinauf – ständig gepeitscht von scharfem Wind und Hagelschauern.

Am Ende dieses mühevollen Tages mußten wir dann auch noch einen Platz für die Zelte aus dem Eis heraushacken. Als wir endlich total erschöpft und mit schlimmen Befürchtungen für den nächsten Tag in die Schlaf-

Der Rolwaling Chhu.

säcke kriechen wollten, brach die Sonne aus dunklen Wolken hervor – später blinkten die Sterne am klaren Himmel.

Am nächsten Morgen, nachdem wir ein langes Stück voller überhängender Zacken und Schründe auf allen vieren bewältigt hatten, begann die eigentliche Bergsteigerei an einer senkrecht aufsteigenden Eiswand. Und als wir oben waren, mußten wir noch über blankes Eis einen Hang hinaufsteigen, bevor wir endlich wieder sicheren Grund unter den Füßen hatten. Vor uns lag ein Hohlweg mit Eiswänden, der zum Drolambo-Gletscher führte. Der Blick von hier war atemberaubend. Benommen von der dünnen Höhenluft und mit wackligen Beinen galt es, das letzte Stück zum Paß hinauf, immerhin noch drei Kilometer Weg, zu bewältigen. Am frühen Abend endlich erreichten wir unser Ziel und sahen unten auf der anderen Seite das Khumbu-Tal liegen – am Horizont thronten alte, vertraute Gipfel über dem Wolkenmeer.

Ich sollte auf dieser Reise noch viel erleben – zuerst den Abstieg vom Paß und die »Heimkehr« ins geliebte Khumbu, dann eine Woche im Gokyo mit seinen Gipfeln und den klaren, grünen Bergseen, das Schauspiel des Mane-Rimdu-Festes beim Kloster Thyangboche – aber all das lag noch in der Zukunft.

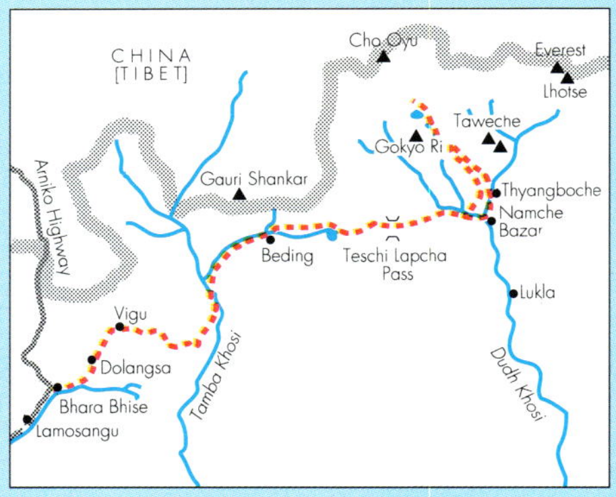

An einem Wasserfall im Wald unterhalb des Dolangsa machten wir Rast. Offenbar wurde hier nicht gerodet; trotzdem war es recht licht unter den Bäumen, und Sonnenstrahlen drangen durchs Geäst.

Wir wanderten an den Dörfern Laduk und Chitre vorbei, die unterhalb des Pfads lagen, und bogen nach Norden ins Tal des Bhote Khosi ab. Auf den milden Südhängen ist die Ernte bereits eingebracht, in weniger günstigen Lagen sind die Felder noch grün.

Die kleine *gompa* (Kloster) mit ihrer zerbröckelnden Buddhastatue macht einen vernachlässigten Eindruck. Das Dorf Na, im oberen Teil des Rolwaling-Tals gelegen, sieht ganz so aus, als wäre es für immer verlassen, und doch wohnen hier im Sommer Menschen, die mit ihren Herden von Beding heraufwandern.

Vor diesem eindrucksvollen Portal in Vigu Gompa warteten wir, bis man uns in die Haupthalle einließ. Das Kloster war erst kurz zuvor unter der Leitung eines Künstlers aus Lhasa renoviert worden; die Kult- und Wohngebäude der Klosteranlage erstrahlten in frischem Glanz.

Wir blieben zwei Tage in Beding, um uns für die Tour auf den Teschi-Lapcha-Paß vorzubereiten. Wir kamen mit den Sherpas, die dort wohnen, gut zurecht, erfuhren allerdings, daß es in der Vergangenheit nicht selten einigen Ärger mit Trekkern gegeben hatte: Bald nach unserem Aufenthalt dort wurde die Gegend für Touristen gesperrt.

Die nördlichen Abhänge der Manlung-La-Gipfel gehören bereits zu Tibet – die Grenze verläuft nur drei Kilometer von der Stelle, an der dieses Bild aufgenommen wurde. Die Gegend am Gauri Shankar ist wunderschön – leider lag überall beim Lagerplatz der ebenso scheußliche wie typische Müll westlicher Touristen herum: Weißblechdosen, Plastikflaschen und -behälter, Campinggasbehälter.

Die Träger, die wir in Beding angeheuert haben, ziehen ihre Lasten, darunter auch Bündel von Brennholz, über eine steile Eisstufe am Drolambo-Gletscher. Unterhalb liegt der von Geröll übersäte Trekarding-Gletscher, im Hintergrund die Gipfel auf der Südseite des Tals.

Oberhalb der niedrigen Eiswand erreichten wir auf einem vereisten Felsband einen Hang, der zum oberen Drolambo-Gletscher führte. Wir befanden uns auf 5200 Meter Höhe und hatten noch gut 600 Höhenmeter und vier Kilometer Weg zu bewältigen, ehe wir endlich auf der Paßhöhe standen.

Die Region Rolwaling ist extrem einsam und abgelegen, viele der Berge haben auch bei der einheimischen Bevölkerung keine Namen – die meisten hat noch keines Menschen Fuß betreten.

Die Gipfel südlich des Tals, die hier wie die Häupter urzeitlicher Riesen aus dem Abendnebel ragen, wurden erstmals 1952 von einer schottischen Expedition wissenschaftlich erforscht.

Auf dem oberen Teil des Wegs zum Teschi-Lapcha-Paß, in 5500 Meter Höhe, zog sich unsere Gruppe weit auseinander. Jeder versuchte den ihm gemäßen Rhythmus von Atmen und Steigen zu halten und bestimmte konzentriert sein eigenes Tempo. Der Drolambo-Gletscher liegt weit unter uns; der Gipfel auf dem Rand ist der Dragkar Go – seine Wände sind so steil, daß kein Schnee liegenbleibt.

Am späten Nachmittag erklommen unsere Träger zusammen mit denen einer Schweizer Alpinistengruppe die letzte Steigung zum Sattel, wo viele ein Dankgebet verrichteten. Wir hatten die Schweizer unten in Na getroffen und beschlossen, zwei Tage lang gemeinsam mit ihnen auf dem härtesten Stück Weg über den Teschi Lapcha zu marschieren.

Wir blieben auf der Paßhöhe, bis die Sonne unterging – es wurde empfindlich kalt. Als wir an der Lagerstelle weiter unten ankamen, fanden wir die besten Plätze im Schutz überhängender Felsen bereits von den Schweizern besetzt. Wir verbrachten eine unruhige Nacht, geängstigt von herabfallenden Stein- und Eisbrocken, die oft nur wenige Meter von unseren Zelten entfernt im Schnee einschlugen.

Vom Gipfel über den Gokyo-Seen in fast 5500 Meter Höhe hat man einen herrlichen Rundblick. Im Südosten stehen Cholatse und Taweche; das grüne Gewässer unterhalb verdankt seine Farbe ausgewaschenen Gesteinsmineralien. Fern unten im Tal bildet sich eine Wolkenbank.

Ein eisiger Nebel steigt von einem der Seen am Gokyo auf, wo wir neben der steinernen Umfriedung einer Yakweide lagerten. Hier, auf 4700 Meter Höhe, ist die äußerste Grenze des Gebiets erreicht, in dem während der Sommermonate Menschen leben und Almwirtschaft betreiben können. Der Gipfel jenseits des Sees ist der Gokyo Ri.

Oberhalb der hochgelegenen Yakweiden bei Maccherma ragt der Gokyo Ri, einer von zwei sehr schönen Gipfeln, in einer alpin anmutenden Hochgebirgslandschaft mit Tälern und Gletschern sozusagen in Kleinformat. Maccherma lag verlassen da, die Menschen hatten sich zur Überbrückung des Winters in wärmere Gebiete weiter unten zurückgezogen.

DIE GROSSE BARRIERE

Annapurna II, von Osten her gesehen.

1984 besuchte ich ein zweites Mal die Annapurna-Region. Mittlerweile hatte der Trekking-Tourismus in Nepal gewaltig zugenommen. Einige Gebiete waren geschlossen worden, darunter auch das Rolwaling-Gebirge. Aber die lange Strecke unter den Gipfeln der Annapurna war immer noch offen; ich wollte sie mit einigen Abweichungen mit John, einem schottischen Freund, begehen. Diesmal konnte uns Nima nicht begleiten, wir suchten uns deshalb einen neuen Führer, Dende.

Die Pfade hier waren schon zu Beginn der Wanderung überall recht dicht bevölkert mit Einheimischen, die zum Dasaain-Fest in ihre Dörfer heimkehrten. Bald verspürten wir das dringende Bedürfnis nach Ruhe und wählten deshalb einen einsameren Weg, der uns hinauf bis unter die Gipfel des Manaslu Himal führen sollte. In zwei Tagen schafften wir fast 3700 Höhenmeter, zuerst in sengender Hitze auf steil terrassierten Hängen, später wanderten wir dann durch kühle, schattige Wälder mit Pinien, Zedern, Eichen und riesigen Rhododendren. Auf der Höhe fanden wir zwei winzige dunkle Seen, versteckt in einer Senke. Wir trauten jedoch diesen allzu stillen Gewässern nicht recht und zogen weiter bis hinaus über die Baumgrenze, wo wir einen Lagerplatz mit klarem, fließendem Wasser zu finden hofften. Aus der Dämmerung des folgenden Morgens erhob sich vor uns im Norden, in sanftem Rosa glühend, die Spitze des Manaslu vor einem violetten Himmel. Im Westen waren im fernen Dunst Machapuchare und Annapurna auszumachen.

Der Weg führte von hier aus wieder hinab auf den Hauptpfad. Dort im Tal ging es dann immer am Ufer des Marsyandi entlang, der sich, von den Schneefeldern über dem Tilicho-See und vom

Manang-Tal herkommend, ein tiefes Bett durchs Gebirge gegraben hat. Wir genossen für eine Weile die Freuden des Tieflands.

Als wir das Manang-Tal erreichten, umfing uns eine deutlich kargere Vegetation, die Temperaturen sanken – nicht zu Unrecht wird die Gegend auch »Klein-Tibet« genannt. Durch den fast baumlosen Talgrund fegte ein unangenehmer Wind. Kahle, ausgewaschene Hänge stiegen an der Nordseite zu den mit Kiefern bewachsenen Kämmen auf, die zu den braunen Kuppen von Tibet hinstrebten. Auf der Südseite des Tals hat das Annapurna-Gebiet eine vierzig Kilometer lange Grenzbefestigung aufgeworfen: eine massive Mauer aus Eis, Schnee und Fels, nirgends niedriger als 6000 Meter – die Große Barriere.

Das berühmte Kloster von Braga war versperrt und menschenleer, das Dorf Manang wirkte vernachlässigt und schmutzig. Wir legten einen Rasttag ein, dann zogen wir wieder in die Berge, und zwar nach Norden zu den Gipfeln des Chulu und zur tibetischen Grenze. Mein Ziel war es eigentlich gewesen, den Kang La, einen Paß im Osten der Chulu-Region, zu erreichen, aber unser zweitägiger Marsch an gespenstischen, völlig ausgestorbenen Dörfern vorbei durch kahle Gebirgslandschaft führte uns leider nur an den Rand eines steilen Abgrunds, der auf keiner Karte verzeichnet war – und fern auf der anderen Seite lag der Paß. Auf dem Felsplateau hoch über dem Tal lagen zwei blaßblaue Bergseen, und so weit das Auge reichte, erstreckte sich das mächte Annapurna-Massiv: Ganz

Manistein mit eingemeißelten Schriftzeichen in Pisang.

Frosch in einem Reisfeld, Pokhara-Tal.

im Osten der Lamjung Himal, dann die Annapurna-Gipfel II, IV und III, die Gangapurna, die sogenannte »Gletscherkuppel« – der Roc Noir –, die Annapurna I verdeckte, der Nilgiris und der Tilicho. Die benachbarten Gipfel im Osten und im Westen, Manaslu und Dhaulagiri, verloren sich im fernen Dunst.

Es war ein einzigartig schöner Lagerplatz, und wir genossen unsere Einsamkeit in vollen Zügen. Wir blieben einige Tage hier und unternahmen kleinere Touren auf die Gipfel der Umgebung.

Den Abstieg ins Tal schafften wir an einem Tag. Dann ging es wieder hinauf ins Gebirge und weiter über den 5300 Meter hohen Thorong La. Unterhalb der vereisten Gipfel breiteten sich öde Geröllhänge aus. Es war kein Platz, an dem man sich gern länger aufhält, und so zogen wir den Pfad hinab nach Mustang – wir wollten vor dem Abend noch das Schreinheiligtum von Muktinath erreichen. Unser Weg führte uns fort vom Hochland mit seiner buddhistisch geprägten Kultur – vor uns lag Pokhara, wo die moderne Zivilisation uns wieder einholen würde.

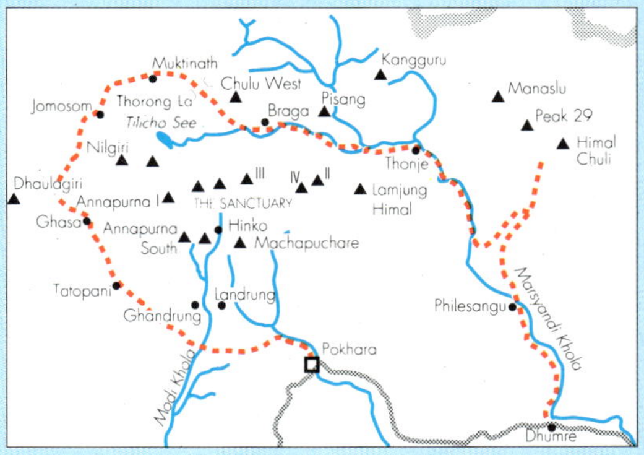

Zwei junge Burschen auf dem Heimweg durch die Reisfelder zu ihrem Dorf im Marsyandi-Tal. In diesen warmen, fruchtbaren Tälern tragen die Felder zweimal pro Jahr, die Herbsternte ist im November.

Die kleinen Terrassenfelder in den Bergen von Nepal werden immer noch mit Hilfe von Ochsen bestellt. Allerdings entstehen jetzt, zumindest in den größeren Tälern, immer mehr Straßen, die Motorisierung nimmt zu. Vielleicht sind hier, im unteren Marsyandi-Tal, die Tage der Landwirtschaft im traditionellen Stil schon bald gezählt.

Am letzten Tag des Dasaain-Festes kamen wir durch Bahundanda, alle Leute waren in Feststimmung. Logierhäuser wie dieses gibt es fast überall an den bekannten Trekking-Routen; sie sind normalerweise sehr einfach, aber sauber und angenehm. Wir zogen es dennoch vor, im Freien zu kampieren.

Die Zauberkraft solcher Figuren wie dieser hier beim Dorf Jagat hält böse Geister vom Pfad fern. Auf dem Land haben sich animistische und schamanistische Praktiken bis heute neben den großen Religionen behaupten können. Die Menschen verehren die Natur seit eh und je in Gestalt zahlloser Gottheiten.

SLEEPING
ROOM
HOTEL

Als wir aus dem Marsyandi-Tal hinauf zu den Bergketten unter dem Himalchuli stiegen, kamen wir in eine Gegend mit besonders kunstfertig angelegten Terrassenfeldern. Es war ruhig auf den Pfaden und in den Dörfern; die Leute blieben in den Häusern und feierten mit ihren Familien.

Am Bara Pokhari Lekh auf 3600 Meter Höhe war die Manaslu-Gruppe immer noch weit entfernt. Der Manaslu – links im Bild – ist einer der vierzehn Achttausender auf der Welt. Seine südlichen Nachbarn, Peak 29 und Himalchuli, stehen ihm nicht viel nach.

Hoch oben im Manang-Tal steht das bedeutende Kloster Braga. Der Weg zum Heiligtum ist gesäumt von Manisteinen und -mauern, von Tschorten und Gebetsmauern. An der Außenmauer des Klosters sind eiserne Gebetsräder angebracht, die der Gläubige, der den Bau im Uhrzeigersinn umschreitet, in Drehung versetzt.

Die Wolken schimmerten in sanftem Rosa, als der Mond über der Annapurna II aufging, ein rubinroter Streifen glühte am Himmel, lange nachdem das Manang-Tal im Dunkel der Nacht verschwunden war. Dieser Abend versprach endlich schönes Wetter, wie wir es uns für den folgenden Tag, an dem wir den Thorong-Paß überqueren wollten, wünschten.

Die braunen, verödeten Hänge unter dem 6080 Meter hohen Gipfel des Pisang erinnern bereits an tibetische Landschaften. Das Manang-Tal liegt nördlich der Himalaja-Hauptkette, an der sich die Monsunwinde brechen; deshalb regnet es jenseits des Hauptkamms wenig, die Vegetation ist entsprechend spärlich.

Von unserem Lager, 4500 Meter hoch auf der Nordseite über dem Manang-Tal gelegen, sahen wir auf die Annapurna-Gipfel im Süden. Die ersten Strahlen der Sonne beschienen die Höhen der Annapurna III, die direkt gegenüberlag. Am späteren Morgen lagen diese Hänge bereits im Schatten.

Die Spitze des Thorong, die sich über dem westlichen Ende des Tals abzeichnet, wies uns den Weg, als wir Manang verließen. An seinem Scheitelpunkt ist der Pfad über den Paß fast so hoch wie dieser Gipfel.

Die Temperaturen wurden bereits winterlich, als wir unser Lager hoch über dem Manang-Tal abbrachen, die Seen trugen eine geschlossene Eisdecke. Annapurna III und Gangapurna jenseits des Tals sind nach Hindugottheiten benannt.

Am Fuß des Gangapurna-Gletschers speist das Schmelzwasser einen See, dessen Form an eine Träne erinnert. Als wir nach Norden in die Berge über Manang aufstiegen, rückte immer mächtiger die Große Barriere in unseren Blick. Auf dieser Aufnahme sind – am westlichen Rand der Gebirgskette – die Gipfel von Gangapurna, Roc Noir und Tilicho zu sehen.

Der Thorong La zwischen Manang und Mustang ist trotz seiner Höhe von 5300 Meter ein leichter Paß, und er ist fast das ganze Jahr über schneefrei. Wenn man von der Paßhöhe nach Westen wandert, sieht man nach kurzer Zeit das Dorf Muktinath, das 1500 Meter tiefer liegt. Nach drei Stunden mühsamen Abstiegs kamen wir dort an.

Die alte Karawanserei von Muktinath bietet Menschen und Tieren auf der Route Pokhara – Jomosom – Manang Obdach. Der Pfad führt hier auf 5300 Meter zur Paßhöhe des Thorong La hinauf. Im Unterschied zu der Mehrzahl der Bergwege in Nepal ist diese Strecke aber nirgends gefährlich steil, sie ist auch für Lasttiere begehbar.

Bei Muktinath an der Ostgrenze der gesperrten Region Mustang liegt am Ende einer Bergzunge inmitten öder, brauner Kuppen das wehrhaft befestigte Dorf Jharkot. Mustang war lange Zeit ein Zankapfel zwischen Nepal und Tibet; noch in den siebziger Jahren gab es hier bewaffnete Auseinandersetzungen zwischen Regierungstruppen und Khampa-Rebellen.

Die Flachdächer und die hölzernen Fensterläden der Häuser in Jharkot zeugen von tibetischem Einfluß. Die Einheimischen gehören meist zum Volk der Thakali, das vor einigen hundert Jahren – zusammen mit den Sherpas – von Tibet einwanderte.

In Gebirgsgegenden überall auf der Welt weiß man, daß Wolken wie diese hier über dem Dhaulagiri schlechtes Wetter bedeuten. Auf unserem weiteren Weg durch die Schlucht des Kali-Gandaki-Flusses erfuhren wir, daß diese Vorzeichen nicht getrogen hatten: Drei Nächte lang fiel eine Menge Schnee bis in die Tallagen hinab.

GANESH HIMAL

AUF UNBEKANNTEN PFADEN

Erste Sonnenstrahlen auf dem Himalchuli.

Wir hatten den Weg verloren und waren schließlich nur noch auf Tierfährten gestoßen, die sich hier und da zwischen den Felsen verliefen. Wir mußten umkehren – alle Mühen des Aufstiegs waren vergeblich gewesen. Einige buntgekleidete Jäger, die wir zufällig trafen, bestätigten uns dies. Die Männer protestierten, halb im Scherz, halb ernsthaft, als ich sie fotografieren wollte: Ihre altertümlichen Gewehre waren zweifellos illegal, und das Wild, dem sie nachstellten – Bär, Leopard und Moschustier – stand unter strengem Schutz. Aber die Gebirgsvölker hier betrachten die Jagd als natürliches Recht. Der Arm des Gesetzes ist nicht besonders weitreichend; also ist es auch nahezu unmöglich, irgendwelche Artenschutzbestimmungen in die Tat umzusetzen. Wir wanderten weiter talwärts.

Dieses Mißgeschick war ein böses Omen für unsere Tour. Es war im Frühling 1987, als Nima und ich zusammen mit meinem Freund Mike McQueen, ebenfalls Fotograf, aufbrachen, um abseits der bekannten Trekking-Routen zu wandern. Der Ganesh Himal ist ein sehr abgelegenes Gebiet, wir hofften, dort möglichst wenig Menschen zu begegnen.

Wir begannen unsere Tour in Gurkha, ehemals Hauptstadt von Nepal, jetzt nur mehr einer von vielen staubigen Marktflecken in den Vorgebirgen des Himalaja. Die Verhältnisse hier unterschieden sich deutlich von anderen Regionen Nepals: Die Hänge waren vollkommen kahl, die schattenspendenden Bäume, die normalerweise die Pfade säumten, waren verschwunden – ja, in manchen Dörfern hatte man sogar den großen Baum, um den herum sich traditionellerweise die Häuser gruppieren, gefällt und zu Brennholz verarbeitet. Das ganze Land bis zu den Ufern des Buri Gandaki und noch weiter bis in höhere Regionen hinauf sah verdorrt aus. Nach zehn Tagen erfuhren wir, daß es schlicht keine Nahrungsmittel in der Gegend gab: Nach mehreren Mißernten waren die Leute auf Lebensmittel angewiesen, die von der Regierung verteilt wurden. Es war meine erste Begegnung mit diesem Problem in Nepal – eine sehr schockierende Erfahrung. Dann 1500 Höhenmeter hinauf und wieder hinab – Wälder mit Resten von Firnschnee hie und da, feuchtheiße subtropische Dschungel, in denen Insekten summten und Vögel zwitscherten, überall bunte Schmetterlinge. In den wenigen Dörfern legten die Menschen – sie gehörten zum Stamm der Ghalë – große Schüchternheit und Scheu an den Tag. Als wir schließlich im Tal des Ankhu anlangten und von dort nach Norden in die Berge hinaufwanderten, war unsere Stimmung schlecht: Wir hatten eingesehen, daß unsere Umkehr doch falsch gewesen war. Nach fünf Tagen anstrengenden Steigens waren wir dem Ganesh Himal nur unwesentlich nähergekommen. Die Landschaft selbst machte uns klar, was aus der Karte nicht zu ersehen war: wir wären auf jenem Bergrücken dort direkt ins Ganesh-Gebiet hineingelangt.

Mike und Khyimjung, Langtang.

Nach weiteren drei Tagen, als ein langdauerndes Unwetter uns auf einem Berg festhielt, sahen wir endlich ein, daß wir den direkten Anstieg zum Ganesh Himal nicht finden würden. Am Morgen des vierten Tages hatte uns der Aufstieg durch weglosen Wald mit dichtem Dorngestrüpp über gefährlich losen Untergrund zermürbt.

Rhododendren umsäumen den Langtang Lirung.

Wir hatten kaum jemals die Gipfel sehen können. Ich hoffte noch immer auf Besserung und bestand darauf, diese Nacht noch hierzubleiben. Am Morgen klarte es tatsächlich auf; die Gipfel von Ganesh II und V erhoben sich hinter verschwindenden Wolkenfetzen, man konnte jetzt auch zum erstenmal weit in die Täler nach Süden sehen, zum Trisuli hin. Aber die Entscheidung war gefallen.

Wir stiegen nun wiederum 1500 Meter ab zum Monjar-Fluß, auf der anderen Seite ging es dann auf 3800 Meter hinauf zur Paßhöhe des Pangsung, von da aus ins Flußtal des Mailung Khola und zum Paldol-Paß. Nur einmal, am Mailung Pati, begegneten wir den Spuren anderer Menschen, als wir an einem zerstörten, verlassenen Dorf vorbeikamen. Die Rhododendren waren mit Reif überdeckt, als wir nach dem Pfad suchten, der uns zum letzten Paß führen sollte. Vergeblich – wir mußten unser Glück weiter oben versuchen.

Nach einer Stunde standen wir plötzlich zu unserem Erstaunen vor einer breiten Straße mitten durch den Kiefernwald. Und sie führte, wie sich zeigte, in die Ganesh-Region und sollte ein Gebiet mit verschiedenen Bodenschätzen – Bauxit, Edelsteine, angeblich auch Uran – erschließen. Wir sahen sie später vom Eingang zum Langtang-Tal aus von oben: Eine häßlich klaffende Wunde quer durch unberührtes Waldland.

Bei der Überquerung des großen Trisuli-Flusses trafen wir zwei Trekker – die ersten seit mehr als zwei Wochen. Das Langtang-Tal ist Nationalpark und war bereits ein beliebtes Ziel für Touristen, als die neue Straße noch nicht gebaut war. Wir beabsichtigten, das Tal bis nach Kyanjin Gompa am anderen Ende zu durchwandern und dann die Route über den 5200 Meter hohen Kangja-Paß südlich nach Kathmandu zu nehmen. Es waren, wie erwartet, viele Trekking-Touristen unterwegs. Wir gingen durch Wälder von Eichen, Azaleen und Rhododendren, weiter oben wurde die Vegetation zusehends karger: Am Ende des Tals floß der Langtang zu Füßen schwarzer, eisblinkender Klippen durch eine nackte Landschaft aus Stein.

Wir schlugen unser Lager in knapp 4000 Meter Höhe unter dem Langtang Lirung auf und verbrachten einen wunderschönen Tag auf den schneebedeckten Kämmen und Gipfeln. Als wir am nächsten Morgen erwachten, bedeckte eine Schicht Neuschnee das Land, und es schneite immer weiter. Wir verbrachten den Tag damit, von Zeit zu Zeit den Schnee von den Zelten zu räumen. Am darauffolgenden Tag waren die Wolken noch dichter, es schneite immer stärker. Wir ließen jetzt eine Münze darüber entscheiden, ob wir noch länger auf gutes Wetter warten sollten: Sie empfahl uns, abzureisen.

Drei Tage später nahm uns ein Lastwagen nach Kathmandu mit. Ich hatte auf dieser Tour im Ganesh-Gebiet viel gelernt. Nun konnte ich meine früheren Nepalreisen auch mit anderen Augen betrachten.

Die Hänge bei Hindung im gebirgigen Vorland des Ganesh, an denen diese Terrassenfelder liegen, sind so steil, daß man dort keine Häuser bauen kann. Die Bevölkerung Nepals wächst rasch – nicht zuletzt durch die zahlreichen Einwanderer aus Indien –, und so muß immer mehr Land landwirtschaftlich genutzt werden, selbst Flächen in derart schwindelerregender Steillage.

Die Reisfelder zwischen Gurkha und Arughat Bazar waren überflutet und frisch bepflanzt, ein erfreulicher Anblick in der versengten Landschaft. Nachdem zweimal der Monsun ausgeblieben war, hofften die Menschen auf den Frühlingsregen.

Diese drei Mädchen vom Volk der Gurung-Ghalë trugen riesige Lasten von Geschirr in ihr Heimatdorf im oberen Buri-Gandaki-Tal. Sie waren zuerst etwas scheu und wollten sich nicht fotografieren lassen, tauten aber nach einem freundschaftlichen Schwatz bei Tee und Zigaretten etwas auf.

Zwischen den Feldern mit Winterweizen oberhalb von Runchet gingen unsere Träger oft auf Pfaden, die nicht breiter als dreißig Zentimeter waren. In höheren Lagen baut man Hirse und Gerste an, noch weiter oben wachsen nur noch Kartoffeln.

Die Winterernte ist hier, in der Nähe von Gurkha, eingebracht; jetzt, da die Felder leer sind, kann man sehr schön erkennen, wie sich die Terrassen den natürlichen Konturen der Landschaft anpassen. Nicht weit von hier erprobt eine landwirtschaftliche Versuchsanstalt neue Pflanzensorten und sucht nach Methoden, abgeholzte Flächen möglichst schnell wiederaufzuforsten.

Khading, in den südlichen Vorbergen des Ganesh gelegen, ist eines der wenigen Dörfer in dieser extrem armen Gegend. Aber die Leute waren genauso fröhlich und lebhaft wie überall in Nepal: Sie veranstalteten am Abend ein Konzert für uns – freiwillige Spenden zugunsten der örtlichen Schule waren erwünscht.

Unter ausgebrannten Bäumen treiben junge Rhododendren aus – kurz vor dem Scheitelpunkt des 3600 Meter hohen Pangsung-Passes. Waldbrände entstehen meist durch Blitzschläge; Brandrodung ist hier nicht üblich.

Dichtbewaldete Kämme im Morgendunst über unserem Lagerplatz im Mailung-Khola-Tal. Der Pfad auf unserer Strecke war schwer auszumachen, und wir hofften, in Mailung Pati auf Leute zu treffen, die wir nach dem Weg fragen konnten. Wir fanden aber nur Schutt und alte Balken, die vereinzelt aus dem Schnee ragten.

Mann aus einem Thamang-Dorf; er trug einen Mantel aus geflochtenem Stroh. Er besuchte uns früh am Morgen und besichtigte unser Lager. Am Vorabend, als wir den Abuthum-Grat erreichten, war es bereits dunkel gewesen. Beim Aufwachen stand das atemberaubende Bild des Manaslu Himal, knapp vierzig Kilometer im Nordwesten, vor unseren Augen.

Auf der Südflanke des Ganesh II schimmert frischer Schnee. Die Unwetter der vergangenen zwei Tage hatten uns im Tal Donner und Blitz sowie strömenden Regen gebracht. Unterhalb des Gipfels fließt durch eine Klamm der Ankhu Khola – leider eröffnete sich auch hier kein Weg ins Gebirge.

Der Anführer einer Jagdgesellschaft vom Stamm der Gurung, die wir in den Wäldern oberhalb des Monjar Khola antrafen. Die Leute sind auf die Jagd angewiesen, es herrscht großer Mangel an proteinhaltigen Nahrungsmitteln.

Diese Tschorten, buddhistische Reliquienschreine, machen einen recht vernachlässigten Eindruck. Man stößt in der Gegend auch sonst bisweilen auf buddhistische Kultbauten – in Gatlang gibt es sogar eine große Gompa –, offenbar wird aber der Buddhismus immer mehr vom Hinduismus der Einwanderer aus dem Süden zurückgedrängt.

Einfache Bambus-Fischreusen wie diese im Monjar Khola sieht man überall in Nepal. Die Leute benutzen auch Angeln und selbstgemachte Netze – besonders fischreich scheinen die Flüsse allerdings nicht zu sein.

Der Gipfel des Naya Kanga bewacht den Pfad hinauf zum Kangja-Paß, der kürzesten Route – nur fünfzig Kilometer – von Langtang nach Kathmandu im Süden. Wir allerdings mußten einen anderen Weg einschlagen: Der Paß war tief verschneit – wir konnten unseren Trägern, die keine dicke Winterkleidung besaßen, diese Strecke nicht zumuten.

Einige Kilometer vor seiner Mündung in den Trisuli fließt der Langtang Khola durch eine unwegsame Schlucht mit schroffen Felsklippen und dichtbewaldeten Steilhängen. Es sind wohl kaum jemals Menschen in dieses wilde, verschlossene Tal vorgedrungen. Man kann sich gut vorstellen, daß in einer solchen Gegend der Yeti – wenn es ihn wirklich gibt – sein geheimnisvolles Unwesen treibt.

Vom Pangsung Lekh an der Westflanke des Langtang Himal geht es auf einer Strecke von knapp zehn Kilometern aus 6000 Meter Höhe steil zum Langtang Khola auf 2000 Meter hinab. Jenseits des Grats, im Tal des Trisuli, führt eine Route nach Tibet, die vermutlich in nicht allzu ferner Zukunft auch für Fahrzeuge benutzbar sein wird.

TEMPEL AUS HOLZ

Der Indrapur- und der Krischnatempel.

Als ich im Flugzeug saß, das mich von Dacca in Bangladesch nach Nepal bringen sollte, ahnte ich nicht, wie oft ich künftig noch auf dieser Strecke reisen würde. Wir flogen nach Norden über die Ebenen des Ganges, die jetzt nach den Monsunregen noch unter Wasser standen. Die Maschine hob sich über eine Bergkette und tauchte durch die Wolken in ein Tal, das, einem Smaragd gleich, zwischen den Hügeln lag – ein Grün, wie ich es vorher noch nie gesehen hatte. Und mittendrin erhob sich staubig eine braune Stadt: das alte heilige Kathmandu, das seinen Göttern nicht weniger als dreitausend Tempel errichtete.

Bis heute hat die Stadt etwas von dieser Altehrwürdigkeit eines kultischen Zentrums bewahrt, immer noch liegt über Kathmandu jene besondere Aura von Heiligkeit. Das soll nicht heißen, daß es hier nicht auch eine Menge Bettler gäbe, übelriechende Abfallhaufen, aufdringliche Händler, Gauner und Geschäftsleute, die das schnelle Geld machen wollen. Aber die allgemeine Verwestlichung in jüngster Zeit durch den Aufschwung des Handels und der Touristikindustrie hat die Stadt nur an der Oberfläche verändert – ihrem wahren Wesen nach ist sie geblieben, was sie immer war: die Stadt, in der die Götter wohnen, in einem Talbecken mit zahllosen Tempeln gelegen, Residenz eines Königs, der als Inkarnation des *Narayana*, als Gott des Lebens, verehrt wird. Buddhismus und Hinduismus sind hier unauflösbar miteinander verschmolzen, die Menschen sind zutiefst gläubig und fest in ihrer Religion verwurzelt.

Wenn man früh aufsteht und durch die Straßen von Kathmandu geht, erlebt man den Gottesdienst einer ganzen Stadt – Menschen aller Schichten verrichten jeden Tag öffentlich ihre Andacht, *puja*

Heilige Kuh und Coca-Cola bei Kamal Pokhri.

genannt, vor ihren je eigenen Göttern. Die Hindus bringen unter Gebeten und Gesängen Opfer von Blumen, Reis oder Geld dar, die Buddhisten werfen sich hundertmal vor ihren Schreinen betend zu Boden. Das hat nicht das geringste mit der bekannten künstlichen »Brauchtumspflege« zu tun, mit deren Hilfe man andernorts Touristen anzulocken hofft; es ist dies vielmehr selbstverständlicher Bestandteil des Lebens dieses Volkes, dessen Traditionen ungebrochen fortwirken, und das in seiner Kultur und Geschichte noch fest verankert ist.

In Kathmandu treffen sich die verschiedensten Nepalreisenden: Buddhisten aus aller Welt, die zum Schrein von Swayambunath, tibetische Flüchtlinge, die zum zweiten großen Buddha-Heiligtum des Landes nach Bodnath pilgern, Hindus auf der Wanderschaft nach Pashupatinath, indische Geschäftsleute, Touristen aller Kategorien und nicht zuletzt auch Trekker und Bergsteiger. Kathmandu hat allen etwas zu bieten.

Als ich mich 1979 vor und nach meiner Tour ins Khumbu-Tal in der Stadt aufhielt, war ich zu sehr von den Bergen fasziniert, um mich intensiv für die Reize der Stadt zu interessieren. In der Region um den Everest waren damals etliche Unternehmungen im Gang: Duog Scott am Nuptse, eine polnische Expedition am Lhotse, eine deutsch-amerikanische Gruppe am Everest, und Norman Deyrenfurth, der durch seine Everest-Begehung über den Westgrat berühmt geworden ist, drehte gerade einen Film über das Leben der Sherpas. Außerdem gab es noch viele andere Bergsteiger, die, wie ich, mit weniger hochgesteckten Zielen diese Stadt aufgesucht hatten. Ich hatte im Khumbu-Tal etliche von ihnen kennengelernt, mit einigen traf ich mich dann wieder in Kathmandu – es war, als gehörten wir hier zu einem kleinen, sehr exklusiven Club.

Einen Monat später, nachdem ich von meiner zweiten Wanderung im Annapurna-Massiv zurückgekehrt war, herrschte weniger Betriebsamkeit in der Stadt – die Bergsteiger waren verschwunden. Der Winter hatte begonnen, und kein Mensch hätte sich damals in dieser Jahreszeit ins Gebirge gewagt. In den wenigen Tagen, die mir noch in Nepal verblieben – das Wetter war kalt und neblig geworden –, begann ich die Stadt für mich zu entdecken. Auch bei späteren Reisen bin ich immer wieder auf neue Sehenswürdigkeiten gestoßen: Selbst wenn man nur die berühmtesten unter den Tempeln und Schreinen des Tals sehen will, ist dies bereits ein ziemlich ehrgeiziges Programm – und dann gibt es ja schließlich auch noch all die kleinen Sträßchen und Gassen, in denen nicht allein Hunderte weiterer Tempel, sondern das pulsierende Leben der Stadt und das Treiben der Menschen zu bestaunen sind. In den Läden und Märkten erlebt man die Gewürzhändler, die Gold- und Silberschmiede, Holzschnitzer, Töpfer und all die Handwerker und Kunsthandwerker, die der höchst vitalen Kultur Nepals ihr Gepräge geben. Hier eröffnet sich dem Besucher, der die musealen Kunstschätze gesehen hat, die Möglichkeit, Kunst und Architektur des Landes ein zweites Mal, nun sozusagen am lebenden Objekt, zu studieren. Vielleicht kann ein wirkliches Interesse der

Ein Sadhu, ein hinduistischer Heiliger, beim Kasthamandapa-Schrein.

westlichen Touristen an der reichen Kultur Nepals dazu beitragen, daß die traditionellen Künste auch in Zukunft lebendig bleiben.

Während der achtziger Jahre hat sich Kathmandu äußerlich stark verändert, viele moderne Hotelbauten sind entstanden, etliches der alten Bausubstanz ist für immer verloren. Es müßte in dieser ehrwürdigen Stadt, aber auch sonst in Nepal, eine Menge für die Erhaltung alter Architektur getan werden. Man kann nur hoffen, daß in dem erwachenden Bewußtsein für die Probleme der Naturzerstörung auf dem Land gleichzeitig die Sorge für Kathmandu nicht vergessen wird.

Das Land kämpfte mit weiteren Schwierigkeiten: Während ich an diesem Buch schreibe, Frühjahr 1990, dauert ein stiller Grenz- und Handelskonflikt mit Indien an – nach mehr als einem Jahr ist noch kein Ende abzusehen. Massendemonstrationen gegen den autoritär regierenden König, die die Einführung eines Mehrparteiensystems auf der Basis demokratischer Verhältnisse forderten, wurden mit Gewalt erstickt. Trotzdem setzte sich das Verlangen nach Demokratie inzwischen durch. Es sieht so aus, als stünden größere Veränderungen bevor.

Steinerne Buddhafiguren säumen die Stufen am Swayambunath-Hügel. Zu dessen Füßen liegt eine ständig wachsende Siedlung von tibetischen Flüchtlingen. Jeden Morgen beten sie hier zu ihrem Beschützer.

Blick vom Dach eines Hauses am Swayambunath nach Süden über Kathmandu. Die eigentliche Stadt hat 300 000 Einwohner, im Talbekken leben noch einmal 500 000 Menschen. Die Bevölkerung wächst jährlich um drei Prozent – das kann auf die Dauer nicht gutgehen.

Auf einem Pfad traf ich einen Jungen, der Waren zum Markt nach Kathmandu trug. Der Boden in diesem Tal nördlich der Hauptstadt ist fruchtbar und bringt drei Ernten pro Jahr. Früher wurde ausschließlich Reis angebaut, heute produziert man auch Obst und Gemüse für die zahlreichen neuen Hotels.

Diese Menschen hier, die sich im Hof eines Tempels hinter dem Durbar von Patan, einer Stadt in der Nähe Kathmandus, versammelt haben, debattieren über einen Streitfall. In den Gebirgsdörfern, in denen praktisch jede staatliche Autorität fehlt, werden öffentliche oder juristische Fragen noch oft in solchen Volksversammlungen vor Ort entschieden.

Zwei Männer beim Gespräch in einer Gasse nicht weit vom Durbar in Patan. Das geheimnisvolle Leben in all den kleinen Straßen und Gäßchen bleibt den meisten Ausländern jedoch verschlossen.

Diese Hindufrau breitet ihren Sari auf einer Mauer des Nationaltheaters mitten in der Stadt zum Trocknen aus. Lärm und Staub des ringsum tobenden Verkehrs scheinen sie nicht zu stören.

Inmitten seiner Waren sitzt ein Gewürzhändler im Basarviertel der Altstadt von Kathmandu. Die Straßen und Plätze hier sind tagsüber von regem Leben erfüllt – nach Einbruch der Dunkelheit wirkt alles wie ausgestorben.

Der Gott Wischnu – in Gestalt des *Narayana* – liegt auf dem vielfach verschlungenen Leib der Schlange Ananta. Dieses Meisterwerk der Licchavi-Epoche (6. Jahrhundert) ist im Dorf Budanilkanth, acht Kilometer nördlich von Kathmandu, zu bewundern.

Die riesige Tempelanlage von Pashupatinath, fünf Kilometer östlich von Kathmandu, liegt am Ufer des heiligen Bagmati-Flusses. Hier wird Schiwa in seiner freundlichen Gestalt als Gott der lebenden Wesen verehrt. Die Tempelbauten grenzen an das Gelände von Deopatan, der alten Hauptstadt der Licchavi-Fürsten.

Dieser Bettler an der New Road von Kathmandu, die 1934 nach dem großen Erdbeben gebaut wurde, muß lange warten, bis ihm jemand etwas gibt. Anders als im benachbarten Indien ist Betteln hier kein sozial anerkannter »Beruf«, obwohl Buddhisten ebenso wie Hinduisten aus religiösen Gründen verpflichtet sind, Almosen zu geben.

Schwere Monsunwolken verhängen den Himmel über dem Tempel von Swayambunath. Das Heiligtum ist mindestens 2500 Jahre alt. Die Anlage wurde im 14. Jahrhundert von moslemischen Heeren, die aus Bengalen einfielen, zerstört. Der Tempel wurde wiederaufgebaut und ist heute eines der bedeutendsten Heiligtümer der buddhistischen Welt.

Der Stupa oben auf dem Hügel von Swayambunath ragt inmitten der buddhistischen und hinduistischen Kultbauten der Tempelanlage eindeutig hervor. Die Seiten des Stupas blicken genau in die vier Himmelsrichtungen; sie symbolisieren den Blick des Buddha, der alles sieht.

Eine Steintreppe mit dreihundert Stufen führt zum Swayambunath-Schrein hinauf, der nicht weit von Kathmandu im Westen liegt. Es ist früh am Morgen – ein Bettler hat sein Tagewerk bereits begonnen und wartet auf Pilger.

Der große Stupa von Bodnath, nur knapp zwei Kilometer von Pashupatinath entfernt, hat sich zu einem bedeutenden Zentrum tibetischer Kultur in Nepal entwickelt – es leben viele Flüchtlinge aus Tibet im Land. Um den Stupa herum drängen sich Klöster und Klosterschulen, Schreine und Tempelchen, aber auch Wohnhäuser, allerlei Läden und Verkaufsstände.

Überall im Tal findet man Holzschnitzereien an den Gebäuden, sehr kunstvolle Arbeiten mit religiösen Motiven wie in Patan, aber auch elegantes, raffiniertes Schnitzwerk an Türen und Fenstern von Wohnhäusern. Die besten Arbeiten stammen aus der Malla-Epoche des 15. und 16. Jahrhunderts, in der viele Künste in Nepal ein Niveau erreichten, das in der Folgezeit nie wieder übertroffen wurde.

Kimdol, westlich von Kathmandu gelegen, ragt aus dem Morgennebel, der das Tal im Herbst und im Winter einhüllt. Selbst an kalten Tagen durchdringt die Sonne schnell diese Dunstschwaden und löst sie auf.

MONDLICHT ÜBER DEM MAKALU

Chamlang (links) und Makalu – aus etwa sechzig Kilometern Entfernung.

Es ist jetzt Herbst 1988, und ich bin mit meinem alten Freund Iain Roy, der schon einige Polarexpeditionen mitgemacht hat, nach Nepal gereist. Er ist zum erstenmal im Himalaja; wir sind unterwegs auf einer vierwöchigen Tour zum Makalu östlich des Mount Everest.

Das Wetter ist schön, der Golf von Bengalen schickt uns einen heißen Wind, der uns den ganzen Tag über und auch die folgenden Tage bis ans Ufer des Arun begleiten wird.

Hibiskus, Wolfsmilchstauden, Frangipani-Sträucher säumen den Wegrand, vor den Häusern blühen rötlich-gelb Dotterblumen, die Buddhisten wie Hinduisten heilig sind. Wir wandern auf dem Hochwasserstreifen des Flusses über Kies und grauen Gebirgsschwemmsand; Wiesen und Schilf, auch Binsen und Zuckerrohr wachsen an den Ufern. Auf den Feldern wird meist Reis angebaut, bisweilen auch Hirse, Weizen oder Gerste. In der Nähe der Häuser zieht man Blatt- und Wurzelgemüse.

Es ist viel Betrieb auf den Pfaden – das Dasaain-Fest steht unmittelbar bevor, und viele Frauen mit ihren Kindern besuchen in diesen Tagen traditionsgemäß die Eltern. Auch Gruppen von Männern sind unterwegs, die aus Dharan oder dem fernen Kathmandu zum Fest in ihre Dörfer heimkehren. Hier in den tieferen Tälern leben die Newari, Rai, Limbu und Magari, weiter oben dann Brahmin und Chetri, in den Bergen die Völker der Thamang, Sherpas und Bhotia. Wir treffen sie alle auf diesem Weg und werden meist mit einem freundlichen Gruß und einem forschenden, offenen Blick bedacht, mit dem man in allen ländlichen Gebieten der Welt dem Fremden begegnet.

Am Abend schlagen wir unser Lager an sandigen Uferplätzen auf. Silbrig glatt wie Seide ziehen die Wasser des Arun vorbei, aber der freundliche Schein trügt: Der Fluß ist eisig kalt, die Strömung reißend. Wir halten Ausschau nach einer weniger gefährlichen Wasserstelle, in der wir unsere müden Leiber baden und die staubigen Kleider waschen können. Die Dämmerung ist kurz; wir kochen ein Abendessen – am Feuer sitzen leise palavernd die Träger –, schnell schläft man ein in der warmen Geborgenheit des Zeltes.

Es ist später Vormittag, die Hitze des Tages wird spürbar. Unter einem einsamen Banyan-Baum bieten uns zwei kleine Mädchen grüne Tangerinen an, köstliche Früchte, vier Stück für eine Rupie. Ich kaufe einige – die Kinder sind sehr schüchtern, erwidern mein Lächeln, sehen mich aber nicht an dabei. Später, in glühender Nachmittagshitze, begegnen wir einer Gruppe von Leuten – offenbar eine Trauergesellschaft, denn sie tragen einen Leichnam, der in Tücher gehüllt ist. Sie machen aber einen recht fröhlichen Eindruck – sie sind alle ein bißchen angetrunken. Die großen Gefäße, die wir sehen, dienen keineswegs kultischen Zwecken: Es stellt sich heraus, daß sie *chang*, Reisbier, enthalten. Man lädt uns ein, davon zu kosten – es ist kühl und erfrischend, und wir trinken gern noch einen Schluck.

Kinder beim Dasaain-Fest in einem Dorf.

Von Num aus, einem kleinen Dorf, müssen wir 1000 Höhenmeter absteigen und den Arun überqueren. Wir gehen über die Brücke und zweigen dann in nordwestlicher Richtung vom Flußtal ab, ins Bergland hinauf. Die Landschaft hier gibt uns einen ersten Vorge-

Kornspeicher im Arun-Tal.

schmack vom Hochgebirge; auf den Höhen seitlich des Pfads ragen felsige Zacken, bisweilen rauscht ein Wildbach. Während unserer Rastzeiten bestaunen wir die Wolkenbildungen, denen die Leute hier so poetisch wilde Namen geben wie Goldener Adler, Greif, Roter und Schwarzer Drache, Windspiel, Falk. Der Weg führt uns über Hänge mit Wintergerste, wir kommen an verlassenen Siedlungen vorbei, die Terrassenfelder sind verödet.

Am Nachmittag gelangen wir zum erstenmal in schattigen Wald: Eichen, mächtige Rhododendren, Kiefern und Zedern. Der Boden ist überall dicht mit Farn überwachsen, von den Zweigen hängt Moos, verschwenderisch wuchern die Orchideen. Die Kuppel von Laub erweckt das Gefühl, in einer riesigen Kirche zu sein – es ist dunkel und kühl, alle Geräusche sind gedämpft. Ein Sonnenstrahl dringt durch die Wipfel wie durch farbiges Glas, unbewegt ruhig ist die Luft.

Am nächsten Tag wandern wir nur vier Stunden bis zu einem Rhododendronwald; der nächste Lagerplatz mit Wasser liegt zu weit entfernt. Die Sonne verschwindet schnell hinter den Bäumen, und es wird früh kalt. Weit unten im Tal schimmert ein Licht, ein Hund bellt. Der Boden ist hier hart, ich schlafe schlecht. Am Morgen sind die Zelte naß vom Tau. Iain und ich brechen früh auf – wir brauchen Bewegung in dieser Kälte –, die Träger kommen später nach. Wir steigen auf einem Grat über den Bäumen auf, ein kalter Wind pfeift durch die Felsen. Endlich erreichen wir den Gipfel; hundert Meter unterhalb liegt schwarz ein kleiner Bergsee.

Als wir abends am Feuer sitzen, tanzen Schneeflocken aus der Dunkelheit ins Licht der Flammen. Die Träger rücken enger zusammen und schimpfen über das Wetter; auch uns wird unbehaglich. Aber am nächsten Morgen blendet die Sonne an einem blauen Himmel, fern im Osten über dem Nebelmeer zu unseren Füßen ragen die Gipfel des Kangchenjunga und des Jannu. Eine gute Stunde später stehen wir bereits auf dem Kamm des Shipton's Col; benannt wurde er nach dem großen Bergsteiger, der diese Route hierher als erster begangen hat. Wir sind auf fast 4300 Meter Höhe. Im Norden, unterhalb des Nebengipfels, liegt das Barun-Tal, in der Ferne erheben sich die Berge von Tibet. Der Weg führt über einen Grat, und dahinter geht es auf einer schwindelerregend steilen Strecke 1000 Meter hinab zum Barun Khola.

Das Tal ist von wilder Schönheit. Die grünen Wasser des Flusses strömen in reißendem Lauf durch die waldige Landschaft – über uns schroffe Felsen, im Norden und Westen schneebedeckte Gipfel. Eine Wegstunde flußaufwärts errichten wir unsere Zelte auf einer kleinen Wiese zwischen den Kiefern – *Tematan Kharka* heißt der Ort. Am folgenden Tag gelangen wir zur *Nehe Kharka* – »Heilige Wiese« –, wo zwei niedrige Hütten und flatternde Gebetsfahnen bezeugen, daß dieses Tal zumindest in einem Teil des Jahres von Menschen bewohnt wird. Im Sommer treibt man das Vieh hier hinauf und läßt es auf den Gebirgswiesen grasen.

Die Gletscher des Peak sieben überragen eisbedeckte Felszacken – ein Kegel, von Eis umrandet, steigt in die Wolken auf. Wir überqueren den Fluß auf einer schmalen Brücke aus zwei Baumstämmen und betreten einen Kiefernwald. Unter den Bäumen verbirgt sich an manchen Stellen noch Firnschnee, bisweilen kreuzen Rinnsale mit Schmelzwasser den Pfad. Es dämmert bereits, als wir auf 4200 Metern die Baumgrenze erreichen. Wir suchen uns einen geschützten Platz vor einem großen Felsblock und schlagen die Zelte auf; der Wind treibt Schneeflocken von Tibet zu uns her.

Das Barun-Tal liegt zu hoch für ganzjährige menschliche Besiedlung, und auch Jäger kommen nur selten so weit herauf; es haben sich deswegen hier Tierarten halten können, die sonst fast überall ausgerottet sind: Nahe bei unserem Lager stoßen wir am Morgen auf die deutlichen Spuren von zwei Wölfen im Schnee. Wir verfolgen die Fährte, sie führt zu einem Wasserlauf und jenseits den Abhang hinauf. Dort treffen wir auf eine zweite Fährte. Es ist die Spur einer Raubkatze. Sie ist relativ klein; kein Schneeleopard also, nur ein Luchs. Weiter oben erkennen wir die Spur eines Fuchses. Nicht weit davon hat offenbar ein Hase in panischer Flucht das Weite gesucht.

Später führt der Weg hinab in einen ebenen Grund. Das Tal verengt sich zur Klamm. Wir staksen über glitschige Trittsteine im Wasser, um die Felsspitze herum. Dahinter weitet sich das Tal zu einer breiten Ebene nach Norden bis zu den niedrigen, braunen Bergen, deren Kuppen die Wolkendecke berühren. Am vierzehnten Tag unserer Wanderung haben wir das Sherson-Tal

Iain, Nima und Träger im Barun-Tal.

erreicht. Der Makalu ist in Wolken eingehüllt, seine Nähe aber spürbar.

Ich mache einen Erkundungsgang über den Barun-Fluß und die Moräne hinauf, die seitlich über dem Barun-Südgletscher liegt. Dreißig Meter unter mir liegt der Gletscherrand, zwischen Peak vier und Chamlang blitzt blau die Eiskaskade eines Gießbachs, in der Ferne ein Gletschersee. Wolkenfetzen wirbeln um die Gipfel, Dunstschwaden steigen auf und verschwinden wieder, eine Eiswand glitzert; die Gipfel verhüllt der Nebel – vollkommene Stille überall.

Spät am Nachmittag hebt sich der Wolkenvorhang im Norden. Ein sanft geschwungener Grat führt zu einem Gipfel hinauf, dessen Eleganz keinen Zweifel lassen: Es ist der Makalu, der fünfthöchste Berg der Welt. Wir sehen zu, wie die letzten Sonnenstrahlen auf den obersten Felsspitzen verglühen. In der Dämmerung hebt sich der Berg blaßrosa vor dem dunkler werdenden Blau des Himmels ab, das tiefere Land liegt in Finsternis.

In der Nacht erwache ich vom Geheul eines Wolfs. Ein Hof umsäumt den Mond über dem Peak sechs. Der Schneegipfel des Makalu ragt in eisigem Schimmer in den Nachthimmel.

Die Nordwand des Chamlang steigt steil am Rand des Sherson-Beckens auf. Auf dem Weg hatten wir deutsche Bergsteiger getroffen, die ihren Aufstieg zum Gipfel in 6000 Meter Höhe abbrechen mußten. Und trotzdem, so sagten sie, sei diese Tour für sie das großartigste Erlebnis gewesen.

Khandbari, der wichtigste Ort in der Region, liegt fünf Tagesmärsche von der nächsten Autostraße entfernt – der kleine Flugplatz von Tumlingtar ist an einem Tag zu erreichen. Es ist die letzte Ortschaft mit elektrischem Strom im Arun-Tal; er wird von einem Kraftwerk weiter unten am Fluß erzeugt.

Diese Frau vom Stamm der Rai, die hier Futter für ihren Büffel schneidet, wollte sich unser Lager aus der Nähe ansehen. Die Frauen in Nepal sind von natürlicher Grazie und, was ihre Kleidung betrifft, von erstaunlich sicherem Geschmack, der nicht allein an den Festgewändern, sondern auch im Alltag zu bemerken ist.

Nur die Büffel vor den Häusern in Tumlingtar waren zu sehen, als wir dort nach anstrengender Kletterei im Schatten rasteten – die Menschen hielten Siesta. An manchen Hängen in der Höhe ist es bereits um sieben Uhr morgens unerträglich heiß.

Ein bißchen außerhalb von Num, dem letzten Dorf auf dem Südufer des Arun, stand dieses Haus, das noch nicht ganz fertiggebaut war. Wir legten hier einen Rast- und Waschtag ein. Außerdem mußten wir neue Träger anheuern; die ewig lächelnden Rai, die uns bis hierher begleitet hatten, wollten nach Hause.

Außer Näh- und Schreibmaschinen findet man kaum komplizierte technische Geräte in den kleineren Dörfern. Es ist leicht möglich, daß dieser Schneider in Sultibari die Kleider der gesamten Region fertigt – Handwerk und Gewerbe sind äußerst selten auf dem Land. Bisweilen begegnet man auch einem Schmied; viele Dörfler betrachten diesen Berufsstand immer noch mit abergläubischer Ehrfurcht.

Wir flüchteten vor der glühenden Mittagshitze in den Schatten dieses Getreidespeichers am Rand der Reisfelder im Arun-Tal. Das Strohdach schützt die Ernte auch vor schweren Regengüssen, die offenen Seiten lassen frische Luft herein. Unter dem Dachgebälk bewahren die Bauern ihre Arbeitsgerätschaften auf.

Die Temperaturen im oberen Barun-Tal, in gut 4500 Meter Höhe, stiegen im November, als wir uns dort aufhielten, kaum über den Gefrierpunkt. Kleinere Wasserläufe versiegten regelmäßig über Nacht, da die Quellen in den hohen Lagen zufroren; am späteren Nachmittag erreichten sie wieder ihren alten Pegel.

Diese Frau vom Stamm der Bhotia aus einem Städtchen an der tibetischen Grenze hat zu Ehren des Divali-Festes ihre Feiertagskleider angelegt. Als wir auf der Heimreise durch das Dorf Seduwa kamen, war dort gerade Markttag. Auch allerlei Glücksspiele, die sonst während des Jahres verboten sind, finden regen Zulauf.

Die riesigen Farnstauden fächeln sanft in der leisesten Brise. In den Wäldern unterhalb von Tashigaon, dem letzten Dorf auf unserem Weg zum Makalu, ist es still; nur gedämpftes Vogelgezwitscher und das sanfte Rauschen von Blättern sind unter dem dichten Laubdach zu vernehmen.

Bananen sind fast überall in den milderen Gegenden Nepals zu haben. Wenn man sich in den Bergen längere Zeit ausschließlich von Konserven ernährt hat, ist man dankbar für frisches Obst und Gemüse.

Auf dem Abstieg von Shipton's Col ins Barun-Tal erreichten wir in halber Höhe wieder die Baumgrenze. In den höchsten Lagen gibt es, abgesehen von spärlichem Gras und niedrigen Trockengewächsen, fast keine Vegetation mehr, weiter unten begegneten wir dann dichten Rhododendronbüschen. Das Landschaftsbild mit seinen Kiefernsprößlingen erinnerte mich an Kanada.

Wolkenfetzen, die sich in Sekundenschnelle auflösten und wieder neu bildeten, wirbelten in Höhe der Eiskaskade auf der Nordseite des Chamlang um die Gipfel. Es war unser letzter Tag hier: Kein Windhauch regte sich – nur ab und zu durchbrach das Rollen eines Steins im Gletscherfeld die Stille.

Hier auf dem Barun-Südgletscher konnten wir zum letztenmal Hochgebirgsluft schnuppern. Als wir von unserem Ausflug zurückkamen, war Nima bereits dabei, das Lager abzubrechen. Wir wanderten ins Barun-Tal hinab, wo wir die meisten unserer Träger an einem weniger kalten Lagerplatz zurückgelassen hatten.

Weiter unten im Tal wird der Barun Khola ein breiter, reißender Fluß, dessen Tosen eine normale Unterhaltung unmöglich macht. Das Gestein der steilen Südhänge ist extrem lose; oft führt der Pfad unterhalb großer Felsbrocken vorbei, die nur von Sand und leichtem Geröll in einem labilen Gleichgewicht gehalten werden – mir war zuweilen etwas mulmig zumute.

Die Nachmittagswolken sammeln sich unterhalb unseres Lagerplatzes, der am oberen Ende des Barun-Tals in einem ebenen Gletscherbekken liegt. Nach Sonnenuntergang wurde es bitter kalt, der eisige Nebel machte den Frost noch unangenehmer.

Es war ein langer und schwieriger Weg gewesen zum Makalu: In Kathmandu hatte es bereits Probleme mit den Behörden gegeben, Krankheiten und Ärger mit den Trägern hatten uns unterwegs aufgehalten und gezwungen, unser allzu ehrgeiziges Reiseprogramm zu kürzen. Und kurz vor dem Ziel mußten wir fürchten, daß wegen der vielen Wolken auch der Anblick des Makalu uns nicht vergönnt sein würde – aber wir hatten am Ende doch Glück, und alles war wieder gut.

SCHLUSSWORT

Es ist ein Land wie aus einem Traum.

Nur wenige Fremde haben in den vergangenen Jahren das Glück gehabt, dieses Paradies mit eigenen Augen zu sehen. Aber die Völker des Hochlands sind in ihrer Existenz sehr gefährdet; die Ökosysteme, von deren Funktionieren diese Menschen abhängig sind, reagieren höchst sensibel auf jede Veränderung. Wenn jener Traum Bestand haben soll und die Menschen in Nepal, die so freigebig zu schenken verstehen und so wenig zurückfordern, eine Chance haben sollen, auch künftig in ihren geliebten Bergen ein erfülltes Leben nach ihren Vorstellungen zu führen, so muß viel getan werden – nicht zuletzt von den Besuchern selbst. Jeder Fremde, der die Erlaubnis erhält, hierherzureisen, muß sich bewußt machen, daß er *kein Recht* darauf hat, ein privilegiertes Glück zu genießen, das ihm *geschenkt* wird. Denn wir alle müssen uns bemühen, den Reichtum an Schönheit, den wir bestaunen, zu erhalten und zu bewahren.

DANKSAGUNG

Ohne die Hilfe und den Rat von Kiyotomo Mikame hätte ich vielleicht meine Touren gar nicht unternehmen können, zumindest aber wären die Schwierigkeiten sehr viel größer gewesen.

Einen besonders wertvollen Dienst leistete er mir, als er mich in den ersten Tagen meines Aufenthalts in Kathmandu mit einigen tüchtigen Sherpabergführern bekannt machte. Einer davon war Nima, etwa zehn Jahre jünger als ich, aber schon ein sehr erfahrener Mann und außerdem ein freundlicher, angenehmer Mensch. Wir wurden schnell Freunde und sind es noch immer. Ich hätte lange suchen müssen, um einen Führer wie ihn zu finden: Ein Mann mit vielen Kenntnissen, der sich überall zu helfen weiß, mit stillem Humor, immer freundlich im Umgang mit den Trägern und der Landbevölkerung. Ich hoffe, noch viele Trekking- und Klettertouren mit ihm unternehmen zu können. Zu Dank verpflichtet bin ich auch den Sherpaführern Dende, Rinji, Palden, Dawa und Jangbo, vor allem aber Nimas Assistenten Syla Rai, der uns auf drei Touren begleitet hat. Und ich stehe tief in der Schuld all der vielen Menschen in Nepal, die mir, dem unbeholfenen Europäer, mit soviel Geduld, Nachsicht und Gastfreundschaft begegnet sind.

Meine Familie, Mayumi und Sean, hat sich nur selten über meine lange Abwesenheit beschwert und mich bei meiner Rückkehr immer wieder freudig aufgenommen – was kann ein egoistischer Globetrotter mehr verlangen!